Charles W. Leadbeater: Die Astralwelt

Charles W. Leadbeater

DIE ASTRALWELT

DAS LEBEN IM JENSEITS

Aquamarin Verlag

Originaltitel: The Astral Plan

1. Auflage 2008
© Aquamarin Verlag
Voglherd 1 • D-85567 Grafing

Umschlaggestaltung: Annette Wagner
Satz: Sebastian Carl

Druck: Bercker • Kevelaer

ISBN 978-3-89427-461-0

Inhalt

Einleitung

Obwohl die meisten Menschen sich dessen nicht bewusst sind, verbringen wir doch unser ganzes Leben inmitten einer weiten, bevölkerten, aber unsichtbaren Welt. Während des Schlafes oder in Trance, wenn die normalen physischen Sinne für eine gewisse Zeit außer Kraft gesetzt sind, öffnet sich dem Menschen diese andere Welt bis zu einem gewissen Grade; und er bringt manchmal mehr oder weniger unbestimmte Erinnerungen von dem zurück, was er dort gesehen und gehört hat.

Wenn der Mensch bei jenem Wechsel der Erscheinungsform, den er den Tod nennt, seinen physischen Körper ganz beiseite legt, dann ist es diese unsichtbare Welt, die ihn aufnimmt und in der er die langen Jahrhunderte hindurch lebt, die zwischen seinem Tod und seiner Wiederverkörperung in die Daseinsform, die wir kennen, verfließen. Bei Weitem den größten Teil dieses langen Zeitraumes verbringt er in der Himmelswelt; es ist der niedere Teil dieser unsichtbaren Welt, der Zustand, in welchen der Mensch unmittelbar nach dem Tode übergeht – der Hades oder die Unterwelt der Griechen, das Fegefeuer oder das Mittelreich des Christentums –, der von den Alchemisten des Mittelalters die *Astralebene* oder *Astralsphäre* genannt wurde. Der Zweck dieses Handbuches ist es, die Mitteilungen und Aufschlüsse über dieses interessante Gebiet, die sich in der theosophischen Literatur zerstreut finden, zu sammeln und zu ordnen und sie durch neue Tatsachen, die uns zur Kenntnis gekommen sind, etwas zu ergänzen. Wir machen darauf aufmerksam, dass alle diese Zusätze nur das Ergebnis der Untersuchungen einiger weniger Forscher sind und deshalb in keiner Weise Autorität beanspruchen, sondern jeder ihren Wert selbst abschätzen muss. Andererseits hebe ich jedoch hervor, dass wir alle uns mögliche Mühe angewandt haben, um genau zu sein, und keine Tatsache, ob alt oder neu, in dieses Buch Aufnahme gefunden hat, die nicht von wenigstens zwei unabhängigen geschulten Forschern bezeugt und außerdem von älteren, uns an Kenntnis in diesen Dingen weit überlegenen Forschern als richtig anerkannt worden ist. Man kann daher hoffen, dass diese Berichte von der Astralebene sich als zuverlässig erweisen werden, wenn sie auch keinen Anspruch auf Vollständigkeit erheben können.

In erster Linie muss man sich bei der Betrachtung der Astralsphäre darüber klar werden, dass sie absolut real, vollkommen wirklich ist. Ich gebrauche hier das Wort Wirklichkeit natürlich nicht im Sinne des metaphysischen Standpunktes, wo alles, außer dem einen, dem Unoffenbaren, unwirklich, weil vergänglich ist; sondern ich verwende die Bezeichnung in ihrem gewöhnlichen alltäglichen Sinne und will damit sagen, dass die Dinge und die Bewohner der Astralsphäre genau so wirklich sind, wie unsere eigenen Körper, unsere Möbel oder unsere Häuser wirklich sind.

Sie sind ebenso wenig ewig wie die Dinge auf der physischen Ebene, aber sie sind nichtsdestoweniger von unserem Standpunkt aus wirklich, so lange sie da sind – es sind Wirklichkeiten, die wir nicht einfach deshalb unbeachtet lassen dürfen, weil die meisten Menschen von ihrem Dasein nichts wissen oder von ihnen nur ein sehr unsicheres Bewusstsein haben.

Es kann niemand die Lehren der Weisheitsreligion richtig verstehen, ehe er nicht wenigstens verstandesmäßig die Tatsache erfasst hat, dass es in unserem Sonnensystem ganz bestimmte Ebenen oder Sphären gibt, von denen jede ihre eigene Materie von stufenweise verschiedener Dichtigkeit besitzt. Menschen, die hierzu befähigt waren, haben einige dieser Sphären besuchen und erforschen können, gerade so wie man unbekannte Länder bereisen und erforschen kann. Durch Vergleichen der Berichte von Personen, die andauernd in diesen Sphären arbeiten, kann man ebenso befriedigende Beweise für deren Existenz und deren Natur erhalten wie die, welche die meisten von uns von der Existenz und der Natur von Grönland oder Spitzbergen besitzen. So wie jeder, der die Mittel hat und die Neigung, die Mühe auf sich zu nehmen, sich auf die Reise begeben und selbst Grönland oder Spitzbergen sehen kann, gerade so kann jeder, der sich entschließt und die Mühe auf sich nimmt, durch die dazu nötige Lebensweise sich hierfür zu befähigen, seinerseits dahin gelangen, selbst diese höheren Sphären zu schauen.

Die Namen, die diesen Ebenen gewöhnlich gegeben werden, sind, in der Reihenfolge ihrer Stofflichkeit von den dichteren zu den feineren aufsteigend, folgende: Die physische, die Astral-, die Mental- oder Devachan-, die Buddhi- und die Nirvana-Sphäre oder Welt. Es gibt noch zwei höhere, aber diese sind so hoch über unser jetziges Begriffsvermögen erhaben, dass wir diese zurzeit außer Betracht lassen können. Die Materie jeder dieser Sphären unterscheidet sich von der darunter liegenden in derselben Weise, wenn auch in einem weit höheren Grade, wie sich Dampf von festen Körpern unterscheidet. Tatsächlich sind die feste, die flüssige und die gasförmige Materie nur Unterabteilungen derjenigen Materie, die zur physischen Ebene gehört.

Die Astralwelt, die ich hier zu beschreiben versuchen will, ist die zweite dieser großen Regionen der Natur – die nächste über (oder innerhalb) der uns allen vertrauten physischen Welt. Sie ist oft das Reich der Illusion, der Täuschung, genannt worden; nicht dass sie selbst irgendwie illusorischer wäre als die physische, sondern wegen der außerordentlichen Unzuverlässigkeit der Eindrücke, welche der ungeschulte Seher von ihr zurückbringt. Dies rührt hauptsächlich von zwei charakteristischen Eigentümlichkeiten der Astralwelt her: Erstens haben viele ihrer Bewohner eine wunderbare Fähigkeit, ihre Gestalten mit proteusartiger Geschwindigkeit zu wechseln und in praktisch unbegrenzt wechselnder Weise die zu verblenden und zu verwirren, mit denen sie ihr Spiel treiben wollen; und zweitens ist das Schauen auf dieser Ebene eine von dem physischen Sehen sehr verschiedene und erheblich erweiterte Fähigkeit. Man sieht den Gegenstand sozusagen von allen Seiten auf einmal. Die Innenseite eines festen Körpers ist dem Blick ebenso offen wie die Außenseite. Es ist daher klar, dass es einem unerfahrenen Besucher dieser neuen Welt viele Schwierigkeiten bereitet zu verstehen, was er in Wirklichkeit sieht, und noch größere, das Geschaute in der so sehr unzureichenden Sprache der gewöhnlichen Welt wiederzugeben.

Ein gutes Beispiel für die Art der Irrtümer, die geschehen können, ist die häufige Umkehrung von Zahlen, die der Seher vom Astrallicht abzulesen hat. Er wird beispielsweise leicht 139 statt 931 lesen. Wenn jedoch ein Schüler der Esoterischen Lehre durch einen fähigen Meister angeleitet wird, dann würde ein solcher Fall nur bei großer Hast oder durch Unachtsamkeit möglich sein, da er ein langes und vielseitiges Studium in der Kunst des genauen Schauens durchzumachen hat. Der Meister oder vielleicht ein fortgeschrittener Schüler zeigt ihm immer neue täuschende Formen und fragt ihn: »Was siehst Du?« Jeder Irrtum in der Antwort wird alsbald berichtigt und der Grund dafür erklärt, bis der Neuling nach und nach eine Sicherheit und Zuverlässigkeit in der Beurteilung der astralen Phänomene erlangt, die alles im physischen Leben Mögliche weit überschreitet.

Aber er muss nicht nur lernen, korrekt zu sehen, sondern auch, sein Erinnerungsbild von dem, was er gesehen hat, genau von einer Sphäre in die andere zu übertragen. Um ihm darin zu helfen, wird er geschult, sein Bewusstsein ohne Unterbrechung von der physischen Ebene zur astralen und mentalen und wieder zurückzubringen; denn ehe er dies nicht fertigbringt, ist immer die Möglichkeit vorhanden, dass während der leeren Zwischenzeit, welche die Bewusstseinsperioden auf den verschiedenen Ebenen trennt, seine Erinnerung verzerrt wird oder ihm etwas entfällt. Sobald der Schüler die Fähigkeit erworben hat, sein Bewusstsein vollkommen klar durchzubringen, steht ihm die Benutzung aller astralen Fähigkeiten offen, und zwar nicht nur, wenn er während des Schlafes oder in Trance sich außerhalb seines physischen Körpers befindet, sondern auch im gewöhnlichen wachen Zustand.

Bei manchen Theosophen besteht die Gewohnheit, verächtlich von der Astralregion zu sprechen, und sie halten sie der Beachtung ganz unwürdig. Doch scheint mir dies eine falsche Auffassung. Ganz gewiss, wonach wir zu trachten haben, ist das spirituelle Leben, und es würde für jeden Schüler verhängnisvoll sein, diese höhere Entwicklung zu vernachlässigen und sich mit der Erreichung des astralen Bewusstseins zufriedenzugeben. Bei einigen Menschen gestattet es ihr Karma, die höheren mentalen Fähigkeiten zuerst zu entwickeln – die Astralsphäre einstweilen sozusagen zu überspringen. Aber dies ist nicht die Methode, die gewöhnlich von den Meistern der Weisheit bei ihren Schülern angewandt wird. Wo sie möglich ist, da erspart sie ohne Zweifel viele Schwierigkeiten, aber bei den meisten von uns haben die Fehler und Torheiten in der Vergangenheit einen solchen sprunghaften Fortschritt unmöglich gemacht. Alles, was wir hoffen können, ist, dass wir unseren Aufstieg langsam, Schritt für Schritt erringen, und da unserer Welt der dichteren Materie diese astrale Sphäre zunächst liegt, so finden unsere ersten überphysischen Erfahrungen gewöhnlich in ihr statt. Sie ist daher für alle Anfänger in diesen Studien von großem Interesse, und ein klares Verständnis ihrer Geheimnisse ist von großer Wichtigkeit, nicht nur um die uns sonst unerklärlich bleibenden Phänomene beim Channeling oder in Spukhäusern zu begreifen, sondern auch um uns und andere vor möglichen Gefahren zu schützen.

Die erste Einführung in diese merkwürdige Welt ist bei jedem Menschen sehr verschieden. Manche erleben nur einmal in ihrem ganzen Leben unter ungewöhnlichen Einflüssen die Gegenwart eines ihrer Bewohner, und wenn sich dieses Erlebnis nicht wiederholt, kommen sie meistens zu dem Glauben, damals einer Halluzination zum Opfer gefallen zu sein. Andere machen die Erfahrung, dass sie immer häufiger etwas sehen und hören, gegen das ihre Umgebung blind und taub ist. Dritte wieder – und das ist der bei weitem gewöhnlichste Fall – fangen an, mit immer größerer Klarheit sich dessen zu erinnern, was sie in jener anderen Region während des Schlafes gesehen und gehört haben.

Unter denen, welche sich speziell dem Studium dieses Gegenstandes widmen, versuchen einige, das astrale Sehen durch Kristallschauen oder andere Methoden zu entwickeln, während die, welche den unschätzbaren Vorteil haben, sich der unmittelbaren Führung eines befähigten Lehrers zu erfreuen, meistens zuerst unter seinem speziellen Schutz diese Sphäre betreten. Sie müssen dann die verschiedensten Prüfungen und Erfahrungen durchmachen, bis der Lehrer sich beruhigt fühlt, dass der Schüler gegen alle Gefahren und alle Schrecken, die ihm dort entgegentreten können, gefeit ist. Aber wie auch die vorbereitenden Schritte sich gestalten mögen, der Zeitpunkt, da der Mensch das erste Mal tatsächlich sich klar wird, dass wir uns alle fortwährend inmitten einer großen Welt voll aktiven Lebens befinden, von der freilich die meisten keine Ahnung haben, stellt jedenfalls einen denkwürdigen Abschnitt in seinem Dasein dar.

So unendlich reich und mannigfaltig ist dieses Leben in der astralen Welt, dass der Neuling zunächst vollständig verwirrt wird; und selbst für den geübteren Forscher ist es keine leichte Aufgabe, alle Formen dieses Lebens zu klassifizieren und aufzuzeichnen. Wenn der Entdecker eines unbekannten tropischen Waldgebietes aufgefordert wird, nicht nur über das Land, das er durchstreift hat, einen umfassenden Bericht mit Einzelheiten über seine pflanzlichen und mineralischen Produkte zu geben, sondern auch über Gattung und Art aller der Myriaden Insekten, Vögel, Säugetiere und Reptilien, die er gesehen hat, dann mag er wohl vor der Größe seiner Aufgabe zurückschrecken. Aber selbst dies hält keinen Vergleich aus mit der Schwierigkeit für den psychischen Forscher, denn in seinem Falle sind die Dinge noch viel komplizierter; zunächst durch die schwere Aufgabe, seine Erinnerung an das, was er gesehen hat, aus jener Sphäre vollständig und genau in unsere zu übertragen, und ferner dadurch, dass die gewöhnliche Sprache so gänzlich ungeeignet ist, das auszudrücken und zu schildern, was er zu berichten hat.

Wie dem auch sei – gerade wie der Forschungsreisende auf der physischen Ebene wahrscheinlich seinen Bericht über ein Land mit irgendeiner Art Beschreibung seiner Szenerie und seiner charakteristischen Merkmale beginnen wird, ebenso wird es sich empfehlen, diese flüchtige Skizze der Astralsphäre mit dem Versuch zu beginnen, eine Idee von der Szenerie zu geben, die den Hintergrund zu ihren wunderbaren und ewig wechselnden Lebensvorgängen bildet.

Doch hier tritt uns gleich von Anbeginn eine fast unüberwindbare Schwierigkeit in der Kompliziertheit des Gegenstandes entgegen. Alle, die auf jener Ebene volles Schauen besitzen, stimmen darin überein, dass der Versuch, bis jetzt ungeöffneten Augen ein lebendiges Bild dieser astralen Szenerie zu geben, dem Unternehmen gleicht, einem Blinden die entzückende Mannigfaltigkeit der Farbtöne eines Sonnenunterganges zu schildern – so genau und ausführlich die Beschreibung auch sein mag, es besteht keine Gewissheit, dass die dem Hörer vermittelte Vorstellung ein angemessenes Bild der Wirklichkeit ist.

I. Die Szenerie

Zunächst ist hervorzuheben, dass die Astralebene sieben Abteilungen besitzt, die dem Grade der Stofflichkeit sowie dem Aggregatzustand seiner Materie nach verschieden sind. Obgleich die Armut der physischen Sprache uns zwingt, von höheren und niederen Abteilungen zu reden, so dürfen wir nicht in den Irrtum verfallen, sie (und ebenso die größeren Ebenen, von denen diese nur Teile sind) uns als besondere Gegenden im Raum vorzustellen, so als lägen sie übereinander, wie die Fächer eines Büchergestells, oder einander umschließend, wie die Schalen einer Zwiebel. Man muss sich darüber klar sein, dass die Materie jeder Ebene oder Unterebene die nächst tiefere Ebene oder Unterebene durchdringt, so dass hier auf der Oberfläche der Erde alle zusammen im selben Raum vorhanden sind, wenn auch die feineren Stoffarten sich weiter ausdehnen als die gröberen – in der Richtung von der Erdoberfläche fort.

Wenn wir also sagen, ein Mensch erhebt sich von einer Ebene oder Unterebene zu einer anderen, so denken wir uns dabei nicht, dass er sich überhaupt im Raum irgendwohin bewegt, sondern dass er sein Bewusstsein von einer Stufe auf eine andere versetzt, indem er allmählich für die Schwingungen der einen Stoffart unempfänglich wird und statt dessen anfängt, auf die einer höheren und feineren Art zu reagieren. So verschwindet die eine Welt mit ihrer Szenerie und ihren Bewohnern langsam vor seinen Blicken, während allmählich an ihrer Stelle eine andere, höhere aufdämmert.

Nummerieren wir diese Abteilungen von der höchsten herabsteigend zur niedrigsten, dann finden wir, dass sie ihrer Natur nach in drei Klassen zerfallen: Die erste, zweite und dritte Abteilung bilden eine Klasse, die vierte, fünfte und sechste eine zweite, während die siebte, die niedrigste von allen, allein steht.

Die Verschiedenheit zwischen der Materie der einen dieser Klassen und der nächsten ist etwa mit dem Unterschied zwischen festen Körpern und Flüssigkeiten zu vergleichen, während die Verschiedenheit der Materie der Abteilungen innerhalb einer Klasse mehr der zwischen zwei Arten fester Körper entspricht, ähnlich der Verschiedenheit zwischen Stahl und Sand.

Wenn wir zunächst die siebte Abteilung beiseitelassen, können wir sagen, dass die vierte, fünfte und sechste als Hintergrund die physische Welt haben, mit allem, was dazu gehört, die Welt, in der wir leben. Das Leben auf der sechsten Abteilung ist einfach gerade so, wie unser gewöhnliches Leben auf dieser Erde, aber ohne den physischen Körper und seine Bedürfnisse. Beim Aufstieg durch die fünfte und vierte wird es weniger und weniger materiell und zieht sich immer mehr von unserer niederen Welt und ihren Interessen zurück.

Die Szenerie dieser niederen Abteilungen ist also die der Erde, wie wir sie kennen; aber in Wirklichkeit ist sie noch viel mehr. Wenn wir sie von diesem andersartigen Standpunkt aus, mit den astralen Sinnen, betrachten, dann bieten selbst die rein physischen Gegenstände einen sehr unterschiedlichen Anblick. Wie schon erwähnt, sieht sie der, dem die Augen vollständig geöffnet sind, nicht nur von einem Gesichtspunkt aus, sondern von allen Seiten auf einmal, eine Tatsache, die schon an und für sich hinreichend verwirrend ist. Wenn wir dann noch hinzufügen, dass jedes Partikelchen im Inneren eines festen Körpers ebenso vollständig und klar sichtbar ist wie jene der Außenseite, dann wird man begreifen, dass unter solchen Umständen selbst die bekanntesten Gegenstände zuerst gar nicht wiederzuerkennen sind.

Doch wenn man einen Augenblick darüber nachdenkt, wird man einsehen, dass ein solches Schauen eine viel richtigere Wahrnehmung des Geschauten gibt als das physische Sehen. Von der Astralsphäre aus betrachtet, erscheinen beispielsweise die Seiten eines gläsernen Würfels alle gleich groß, wie sie ja auch wirklich sind, während wir auf der physischen Ebene die entferntere Seite perspektivisch sehen – sie erscheint also kleiner als die nähere – was doch offenbar eine Täuschung ist. Diese charakteristische Art des astralen Schauens hat Veranlassung dazu gegeben, sie ein Schauen in der vierten Dimension zu nennen, ein sehr sinnreicher, bezeichnender Ausdruck.

Zu diesen Ursachen der Verwirrung kommt noch eine Tatsache hinzu, durch welche die Dinge noch komplizierter werden, nämlich die, dass dieses höhere Schauen Stoffarten wahrnehmen kann, die zwar noch rein physisch, aber dennoch unter gewöhnlichen Bedingungen unsichtbar sind. Zum Beispiel alle kleinen Teilchen, welche die Atmosphäre bilden, oder die verschiedenen Ausströmungen, die von jedem Ding, das lebt, ausgehen. Dazu kommen die vier verschiedenen Grade noch feinerer Art physischer Materie, die in Ermangelung unterscheidender Namen alle als ätherisch bezeichnet werden müssen.

Diese letzteren bilden eine Art System für sich und durchdringen ungehindert alle andere physische Materie. Die Erforschung ihrer Schwingungen und die Art, wie verschiedene höhere Kräfte auf sie wirken, würde für sich allein ein weiteres Feld sehr interessanten Studiums für jeden Mann der Wissenschaft bilden, der das nötige Schauen für ihre Untersuchung besäße.

Wenn wir nun auch alles bisher Gesagte uns ganz klar vorstellen, so haben wir doch noch nicht die Hälfte der Schwierigkeiten des Problems vor Augen; denn wir haben es außer mit diesen neuen Formen physischer Materie auch mit den noch zahlreicheren verwirrenden Unterabteilungen der astralen Materie zu tun. Zunächst müssen wir uns merken, dass jeder materielle Gegenstand, selbst jedes Partikelchen, sein astrales Gegenstück besitzt, und dieses Gegenstück selbst ist nicht ein einfacher Körper, sondern ist gewöhnlich in komplizierter Weise aus verschiedenen Sorten astraler Materie zusammengesetzt. Hinzu kommt noch, dass jedes lebende Geschöpf mit einer eigenen Atmosphäre umgeben ist, die gewöhnlich seine Aura genannt wird. Diese Aura ist beim Menschen selbst wieder ein faszinierender Gegenstand des Studiums für sich. Sie erscheint als ein ovaler leuchtender Nebel von sehr komplizierter Zusammensetzung; infolge dieser Form ist sie manchmal das *aurische Ei* genannt worden.

Theosophen, die dieses Buch lesen, werden gewiss erfreut sein zu hören, dass der Schüler, schon auf den ersten Stufen seiner Entwicklung zum vollständigen Schauen, durch unmittelbare Beobachtung sich von der Zuverlässigkeit dessen überzeugen kann, was Helena Blavatsky über die »sieben Prinzipien im Menschen« gelehrt hat. Wenn er seinen Mitmenschen betrachtet, dann sieht er nicht nur seine äußere Erscheinung; er unterscheidet den ätherischen Körper, der von fast genau derselben Größe wie der physische ist, während er zugleich auch vollkommen deutlich sehen kann, wie das universelle Lebensfluidum aufgenommen und der individuellen Eigenart angepasst wird, wie es rosig leuchtend den Körper durchkreist und, wenn der Körper gesund ist, schließlich in seiner veränderten Form wieder von ihm ausstrahlt.

Der leuchtendste Teil der Aura, der vielleicht am leichtesten zu sehen ist, obwohl er zu einer feineren Art Materie gehört – zu der astralen – ist der, welcher durch lebhaftes Aufblitzen immer wechselnder Farben die verschiedenen Begierden und Wünsche kennzeichnet, die von Augenblick zu Augenblick die Psyche des Menschen durchziehen. Dies ist der eigentliche Astralkörper.

Dahinter liegt der Mentalkörper, die Aura des niederen Verstandes, die aus einer noch feineren Art Materie besteht, nämlich jener der Formstufen der Devachan-Ebene (der Himmelswelt). Ihre Farben wechseln nur in geringem Maße, je nach der Lebensführung der Menschen. Sie kennzeichnen die Qualität seiner Gedanken sowie die Anlagen und den Charakter seiner Persönlichkeit. Noch höher und unendlich viel schöner, sofern er sich schon deutlich entwickelt hat, ist das lebendige Licht des Kausalkörpers, des Trägers des höheren Selbstes, der die Stufe der Entwicklung des wahren Egos während seines Weiterschreitens von Geburt zu Geburt anzeigt. Aber um diese Auren sehen zu können, muss der Schüler selbstverständlich sein Schauen bis zu der Stufe entwickelt haben, zu welcher sie gehören.

Wer diese Dinge studieren will, wird sich viel Mühe ersparen, wenn er sofort lernt, diese Auren nicht als bloße Ausstrahlungen anzusehen, sondern als die wirkliche Manifestation des Egos in den jeweiligen Sphären. Er sollte sich klar machen, dass das aurische Ei der wahre Mensch ist, nicht der in der Mitte kristallisierte physische Körper. Solange sich das wiederverkörpernde Ego auf der Ebene seiner wahren Heimat, in den formlosen Bereichen, aufhält, ist der Kausalkörper der Träger, den es bewohnt. Steigt es jedoch in die Bereiche der Formen hinab, dann muss es sich mit deren Materie umkleiden, damit es in ihnen funktionieren kann. Aus dem Stoff, den es so an sich zieht, bildet sich ihm sein devachanischer oder Verstandeskörper.

Ebenso gestaltet er sich, wenn er weiter zur Astralsphäre hinabsteigt, aus deren Materie den Astral- oder Begierdenkörper, wobei er natürlich die anderen Körper beibehält. Bei seinem weiteren Abstieg zu der niedrigsten Ebene von allen bildet sich schließlich der physische Körper in der Mitte der eiförmigen Aura, die nun den vollständigen Menschen enthält.

Eingehendere Berichte über diese komplizierte Aura finden sich in anderen theosophischen Büchern. Aber das hier Gesagte wird genügen, um zu zeigen, dass der Neuling sorgfältigen Studiums und vieler Übung bedarf, um sofort auf einen Blick die eine Aura von der anderen zu unterscheiden, da sie alle denselben Raum einnehmen, wobei die feinere immer die gröbere durchdringt. Aber trotzdem ist die menschliche Aura, oder nur ein Teil von ihr, nicht selten der erste rein astrale Gegenstand, den ein Ungeschulter erblickt, obgleich das Gesehene in einem solchen Fall natürlich sehr leicht falsch gedeutet wird.

Wenn auch die *astrale* Aura mit dem Glanz ihrer Farbenblitze oft leichter in die Augen fällt, so besteht doch der Nervenäther und der ätherische Doppelkörper in Wirklichkeit aus einer viel dichteren, noch zur physischen Ebene gehörigen Materie, obgleich auch sie für das gewöhnliche Auge unsichtbar ist.

Wenn wir mit psychischem Blick den Körper eines neugeborenen Kindes untersuchen, so finden wir diesen nicht nur durchdrungen von astraler Materie jeden Dichtegrades, sondern auch von den verschiedenen Ätherschwingungen. Wenn wir uns die Mühe machen, die Linie der Entwicklung dieser inneren Körper bis zu ihrem Ursprung zurück zu verfolgen, dann finden wir, dass der letztere, der Ätherkörper – die Form, in die der physische Körper hineingebaut wird – von den Dienern der „Herren des Karma" gestaltet wird, während die astrale Materie vom Ego selbst um sich angesammelt wurde, als es durch die Astralebene herabstieg, natürlich nicht bewusst, sondern automatisch. Der Ätherkörper ist aus allen verschiedenen Graden oder Arten des Äthers zusammengesetzt; ihr Verhältnis untereinander ist jedoch sehr verschieden und wird durch mehrere Faktoren bestimmt, wie die Nation, die Kultur, den Typus des Menschen sowie sein individuelles Karma.

Wenn man bedenkt, dass diese vier Abteilungen der Materie aus zahlreichen Verbindungen bestehen, die ihrerseits wieder

Gruppen bilden, die sich zu den »Atomen« der sogenannten chemischen »Elemente« zusammenfügen, dann wird man erkennen, dass dieses zweite »Prinzip« des Menschen sehr kompliziert und die Anzahl seiner möglichen Variationen praktisch unendlich groß ist. Infolgedessen können die Wesen, denen es zukommt, so kompliziert und ungewöhnlich auch eines Menschen Karma sein mag, doch ein Modell wählen, nach welchem ein genau für ihn passender Körper sich gestalten lässt.

Wenn man von der Astralsphäre aus auf die physische Materie blickt, so ist noch ein anderer Punkt bemerkenswert: Wenn das höhere Schauen voll entwickelt ist, dann hat es die Fähigkeit, das Bild der winzigsten Partikelchen in jedem gewünschten Maße zu vergrößern, gerade wie durch ein Mikroskop; nur ist die Möglichkeit der Vergrößerung unendlich viel stärker als die eines Mikroskops, das je hergestellt worden ist oder wohl je hergestellt werden wird. Die hypothetischen »Moleküle« und »Atome« der Wissenschaft sind für den Geistesforscher sichtbare, wirkliche Dinge, nur erkennt dieser, dass sie von viel komplizierterer Natur sind, als der orthodoxe Wissenschaftler bis jetzt entdeckt hat. Hier bietet sich wiederum ein weites Feld des Studiums von hinreißendem Interesse an, dem man sehr leicht einen ganzen Band widmen könnte. Wenn ein wissenschaftlicher Forscher dieses astrale Schauen in ganzer Vollkommenheit erlangte, dann würden nicht nur seine Experimente mit den gewöhnlichen bekannten Phänomenen unendlich erleichtert, er würde auch vollständig neue Gebiete der Erkenntnis vor sich ausgebreitet sehen, zu deren Durchforschung eine ganze Lebenszeit nicht ausreichte.

Durch die Entwicklung dieses Schauens könnte er mit etwas sehr Merkwürdigem, Schönem und Neuem bekannt werden, nämlich mit Farben, die anders und ganz verschieden von denen des gewöhnlichen Spektrums sind und über diese Palette hinausgehen. Die ultraroten und ultravioletten Strahlen, welche die Wissenschaft auf anderem Wege entdeckt hat, sind dem astralen

Schauen vollständig wahrnehmbar. Wir dürfen uns jedoch nicht gestatten, diesen faszinierenden Nebenwegen weiter zu folgen, sondern müssen zu unserem Versuch zurückkehren, eine ungefähre Vorstellung von dem allgemeinen Aussehen der Astralebene zu vermitteln.

Obgleich die gewöhnlichen Dinge der physischen Welt, wie schon bemerkt, den Hintergrund für das Leben auf gewissen Stufen der Astralebene bilden, so wird es inzwischen doch klar geworden sein, dass so viel mehr von ihrer wirklichen Erscheinung und ihren charakteristischen Eigentümlichkeiten zu sehen ist, dass ihr allgemeiner Eindruck weit von dem uns gewohnten abweicht.

Um sich dies klar zu machen, nehmen Sie als Beispiel einen ganz einfachen Gegenstand, einen Felsen. Mit geschultem Blick betrachtet, ist er weit mehr als eine tote Masse von Stein. Zuerst ist die ganze physische Masse des Felsens zu sehen, anstatt nur eines kleinen Teiles; sodann sind die Schwingungen seiner physischen Partikel wahrnehmbar; drittens sieht man, dass er ein astrales Gegenstück besitzt, das aus verschiedenen Graden astraler Materie besteht und dessen Partikel ebenfalls in fortwährender Bewegung sind; viertens kann man das universelle Leben in ihm kreisen und von ihm ausstrahlen sehen; fünftens erblickt man eine Aura, die ihn umgibt, wenn diese sich auch natürlicherweise nicht so weit ausdehnt wie im Fall der höheren Reiche; sechstens sieht man, wie die ihm eigene Elementaressenz ihn durchdringt, immer tätig ist und sich immer verändert. Im Falle des Pflanzen-, Tier- und Menschenreiches ist natürlich dieses Bild ein noch viel komplizierteres.

Manche Leser werden hier vielleicht dagegen einwenden, dass von den meisten psychisch Veranlagten, die gelegentlich Blicke in die astrale Welt tun können, das Geschaute lange nicht so kompliziert beschrieben wird. Auch in den »Séancen« werde von den Wesen, die sich dort manifestieren, solche Kompliziertheit nicht berichtet. Aber das ist leicht zu verstehen. Wenige ungeschulte Personen, ob lebend oder schon gestorben, sehen ohne sehr lange Erfahrung die Dinge, wie sie wirklich sind. Selbst die, welche vollständig schauen können, sind oft zu sehr geblendet und verwirrt, um alles zu verstehen und im Gedächtnis zu behalten. Unter den wenigen, die beides können – sehen und erinnern –, ist kaum einer, der das Erinnerte in die Sprache unserer niederen Ebene übersetzen kann. Viele ungeschulte psychisch Begabte untersuchen überhaupt niemals ihre Visionen wissenschaftlich; sie empfangen einfach einen Eindruck, der ganz genau und richtig sein kann, vielleicht aber auch nur halb richtig oder selbst ganz irreführend ist.

Die letzte Möglichkeit wird umso wahrscheinlicher, wenn wir die Streiche in Betracht ziehen, die von mutwilligen Bewohnern der anderen Welt oft gespielt werden und gegen welche der Ungeschulte absolut wehrlos ist. Weiterhin muss man im Auge behalten, dass den gewöhnlichen Bewohnern der Astralebene, seien es Menschen oder Elementale, der Regel nach nur die Dinge dieser Ebene bewusst sind. Die physische Materie ist ihnen ebenso vollständig unsichtbar wie die Astralmaterie der Mehrzahl der Menschen. Da, wie bemerkt, jeder physische Körper sein astrales Gegenstück besitzt, das ihnen sichtbar sein *würde*, so mag man vielleicht denken, dass dieser Unterschied unbedeutend ist, aber er ist doch wesentlich für die richtige, symmetrische Auffassung des Gegenstandes.

Wenn jedoch ein Astralwesen beständig durch ein Medium wirkt, so können die feineren Astralsinne allmählich sich so vergröbern, dass sie für die höheren Grade der Materie ihrer eigenen Ebene unempfindlich werden und anstatt dessen die physische Welt in ihren Blickwinkel einbeziehen. Aber nur der geschulte Besucher, der aus dem diesseitigen Leben kommt und auf beiden Ebenen voll bewusst ist, kann sich darauf verlassen, beide gleichzeitig klar zu sehen. Die Sache ist also wirklich sehr kompliziert und nur, wenn sie völlig durchschaut und wissenschaftlich entwirrt wird, ist man gegen Betrug oder Irrtum vollständig sicher.

Für die siebte, die niedrigste Abteilung der Astralsphäre, bildet unsere physische Welt ebenfalls sozusagen den Hintergrund, obgleich das, was man sieht, nur ein verzerrtes und beschränktes Bild von ihr ist, denn alles Freundliche, Gute und Schöne scheint dem Blick entzogen. Schon vor viertausend Jahren hat der Schreiber Ani dies in einem ägyptischen Papyrus ebenso beschrieben: »Was für eine Gegend ist dies, in die ich gelangt bin? Sie hat kein Wasser, sie hat keine Luft, sie ist tief, unergründlich, sie ist schwarz wie die schwärzeste Nacht und die Menschen irren hilflos in ihr umher; in ihr kann ein Mensch nicht mit Ruhe im Herzen leben.« Für das unglückliche Menschenwesen auf dieser Stufe ist es tatsächlich wahr, dass »die ganze Erde voll Finsternis und ein grauenhafter Aufenthalt« ist; aber es ist eine Finsternis, die aus seinem Inneren stammt und welche die Ursache dafür ist, dass er sein Dasein in einer ewigen Nacht des Bösen und des Schreckens zuzubringen hat – eine sehr reale Hölle, wenn auch, wie alle Höllen, vollständig des Menschen eigene Schöpfung.

Die meisten Forscher empfinden die Untersuchung dieser Abteilung als eine außerordentlich unerfreuliche Aufgabe, denn man empfindet dort die umgebende Materie als so dicht und grob und für den befreiten Astralkörper so entsetzlich, dass man meint, ihn durch eine Art schwarzer, zäher Flüssigkeit durchdringen zu müssen, während die Bewohner und die Einflüsse, die einem dort entgegentreten, gewöhnlich ebenfalls höchst unerwünscht sind.

Die erste, zweite und dritte Abteilung machen, obwohl sie denselben Raum einnehmen, den Eindruck, als wären sie viel weiter von der physischen Welt entfernt und dementsprechend weniger materiell. Die Wesen, die hier wohnen, verlieren die Erde und was dazu gehört aus den Augen, sie sind meistens ganz mit ihren eigenen Gedanken beschäftigt und schaffen sich größtenteils ihre Umgebung selbst, wenngleich diese objektiv genug ist, um von anderen Wesen, wie auch mit hellseherischem Blick, wahrgenommen werden zu können. Diese Region ist ohne Zweifel das »Sommerland«, von dem man in spiritistischen Sitzungen so viel gehört hat, und jene, welche von dort kommen und die Zustände beschreiben, berichten ohne Zweifel die Wahrheit, so weit ihre Kenntnis reicht. Hier ist es, wo die »Geister« ihre Häuser, Schulen und Städte in ein vorübergehendes Dasein rufen; und diese Dinge sind oft real genug, wenn sie auch für den klareren Blick manchmal bedauernswürdig wenig dem gleichen, wofür die entzückten Schöpfer sie halten. Trotzdem sind viele Fantasiebilder, die dort Gestalt annehmen, von wahrhafter, wenn auch nur zeitweiser Schönheit, und ein Besucher, der nichts Höheres kennt, mag befriedigt genug zwischen ihren Wäldern und Bergen, zwischen lieblichen Seen und wundervollen Blumengärten einherwandeln, die jedenfalls alles Derartige auf der physischen Welt weit übertreffen. Auch kann er sich solche Umgebungen selbst erschaffen, die dann seiner eigenen Fantasie entsprechen.

Die speziellen Verschiedenheiten auf diesen drei Unterebenen werden sich wohl besser klar machen lassen, wenn wir zu der Beschreibung ihrer menschlichen Bewohner kommen.

Eine Beschreibung der Szenerie der Astralebene würde ohne Erwähnung dessen, was oft, wenn auch unrichtigerweise, „die Chronik des Astrallichtes" genannt wird, unvollständig sein. Diese Chronik (die in Wirklichkeit eine Art Materialisation des göttlichen Gedächtnisses ist, eine lebende fotografische Darstellung von allem, was jemals geschehen ist) ist wirklich und dauernd einer viel höheren Sphäre eingeprägt und wird nur in einer mehr oder weniger unregelmäßigen Weise auf die Astralebene zurückgespiegelt. Reicht nun bei jemandem die Fähigkeit des Schauens nicht über diese Ebene hinaus, dann wird er, statt eines zusammenhängenden Berichtes der Vergangenheit, nur gelegentliche und unzusammenhängende Bilder erhaschen. Aber trotzdem werden Bilder aller Art früherer Vorgänge fortwährend in die Astralwelt reflektiert, und diese bilden einen wichtigen Teil der Umgebung für den Forscher.

II. Die menschlichen Wesen

Nachdem wir, wenn auch nur flüchtig, den Hintergrund unseres Bildes skizziert haben, müssen wir nun versuchen, die Figuren hineinzuzeichnen – die Bewohner der Astralsphäre. Die ungeheure Vielfältigkeit dieser Wesen macht es außerordentlich schwierig, sie zu ordnen und in ein System zu bringen. Vielleicht wird es die geeignetste Lösung sein, sie in drei große Klassen zu teilen – in die der menschlichen, der nicht-menschlichen und der künstlichen Wesen.

Die menschlichen Bürger der Astralwelt zerfallen naturgemäß in zwei Abteilungen, in die lebenden und die toten, richtiger gesagt, in die, welche noch einen physischen Körper haben, und die, welche keinen mehr haben.

1. Die Lebenden

Die Menschen, die während ihres physischen Lebens auf der Astralebene wirken, können in vier Gruppen unterteilt werden.

a) *Die Adepten und ihre Schüler.* Die zu dieser Gruppe Gehörigen benutzen gewöhnlich gar nicht den Astralkörper als ihr

Instrument, sondern den Mentalkörper, der aus der Materie der vier unteren oder der Form-Stufen der nächsthöheren Ebene besteht. Der Vorteil dieses Körpers liegt darin, dass er den sofortigen Übergang von der Mentalebene zur astralen und wieder zurück gestattet und jederzeit die höhere Fähigkeit und die schärferen Sinne seiner eigenen Ebene zur Verfügung stellt.

Der Mentalkörper ist von Natur aus dem astralen Blick überhaupt nicht sichtbar, und infolgedessen hat der Schüler, der in ihm wirkt, zu lernen, einen zeitweiligen Schleier aus dieser Materie um sich zu ziehen, wenn er im Laufe seiner Arbeit wünscht, sich den Bewohnern dieser niedrigeren Ebene zu dem Zwecke bemerkbar zu machen, um ihnen wirkungsvoller zu helfen. Beim ersten Mal wird dieser zeitweilige Körper dem Schüler gewöhnlich vom Meister vorbereitet, und dieser belehrt ihn und hilft ihm, bis er sich selbst die Hülle leicht und schnell herstellen kann. Obgleich solch eine Hülle eine genaue Reproduktion des Menschen gemäß seiner äußeren Form ist, enthält sie doch nichts von der Materie seines eigenen Astralkörpers, sondern entspricht ihm in derselben Weise wie eine Materialisation einem physischen Körper.

Auf einer früheren Stufe seiner Entwicklung befindet sich der Schüler bei seinem Wirken im Astralkörper, geradeso wie jeder andere. Aber welchen Körper er auch benutzt, wenn ein Mensch unter der Leitung eines dazu befähigten Lehrers in die Astralsphäre eingeführt wird, dann besitzt er dort stets das volle Bewusstsein und ist imstande, sich leicht auf allen ihren Unterebenen zu betätigen. Er ist tatsächlich er selbst, wie ihn seine Freunde auf Erden kennen, abzüglich der vier niederen Prinzipien in dem einen Fall und der drei niederen im anderen, erweitert um die diesen höheren Zuständen entsprechenden Kräfte und Fähigkeiten, die es ihm während des Schlafes ermöglichen, viel leichter und weit wirkungsvoller auf dieser Ebene die spirituellen Aufgaben auszuführen, mit denen er sich in den Stunden des Wachens in Gedanken so viel beschäftigt. Ob er sich vollständig und genau auf der physischen Ebene dessen erinnert, was er auf der anderen getan oder gelernt hat, hängt hauptsächlich davon ab, ob er imstande ist, sein Bewusstsein ohne Unterbrechung von dem einen Zustand in den anderen zu übertragen.

b) *Psychisch-Entwickelte, die nicht unter der Leitung eines Meisters stehen.* Solche können spirituell entwickelt sein oder auch nicht, denn die zwei Arten des Fortschritts fallen nicht immer zusammen. Wenn ein Mensch mit psychischen Kräften geboren wird, so ist dies einfach das Ergebnis von Anstrengungen, die er während einer früheren Verkörperung unternommen hat; Anstrengungen, die vielleicht einen edlen und sehr selbstlosen Charakter hatten, möglicherweise aber auch töricht und irregeleitet, ja selbst vollständig unwürdig waren.

Ein solcher Mensch ist außerhalb des Körpers meist vollkommen bewusst, aber sehr der Täuschung über das, was er sieht, unterworfen, da er keine entsprechende Schulung durchgemacht hat. Er kann oft fast genau so leicht wie die Personen aus der ersten Gruppe durch alle Unterebenen streifen, aber häufig zieht es ihn zu einer besonderen hin, und er kommt dann selten aus dem Bereich der Einflüsse dieser einen heraus. Die Art seiner Erinnerung an das, was er gesagt hat, variiert dann, dem Grad der erreichten Entwicklung entsprechend, von äußerster Verzerrung oder vollständigem Vergessen bis zur vollkommenen Klarheit. Er erscheint übrigens stets in seinem Astralkörper, da er es nicht versteht, im mentalen Träger zu funktionieren.

c) *Die gewöhnlichen Menschen.* Menschen, die ohne irgendwelche geistige Entwicklung leben. Diese treiben während des Schlafes in ihrem Astralkörper in mehr oder weniger unbewusstem Zustand umher. Im tiefen Schlaf treten fast ohne Ausnahme die höheren Prinzipien in ihrer astralen Hülle aus dem physischen Körper aus und bleiben in seiner unmittelbaren Nähe schweben. Sie sind bei vollständig Unentwickelten fast ebenso im Schlaf versunken wie der physische Körper selbst.

In manchen Fällen ist jedoch der astrale Körper weniger schläfrig und wird dann durch die verschiedenen Astralströme dahingetrieben. Er trifft dann andere Leute in ähnlichem Zustand und macht alle Arten von Erfahrungen, erfreuliche und unerfreuliche. Die Erinnerung an diese verwirrt sich leicht auf hoffnungslose Weise. Oft verzerrt sie sich zu einer grotesken Karikatur der Wirklichkeit, und der Mensch glaubt dann am nächsten Morgen, er habe einen wunderbar bedeutenden Traum gehabt.

Alle gebildeten Menschen, die zu den höheren Kulturen der Welt gehören, haben ihre Astralsinne schon recht weit entwickelt. Wenn sie genügend aufgeweckt wären, um die Wirklichkeit, die sie während des Schlafes umgibt, zu untersuchen, dann würden sie fähig sein, sie gut zu beobachten und viel von ihr zu lernen. Aber in den meisten Fällen sind sie nicht so wach, und sie verbringen deshalb ihre Nächte meistens in Gedanken versunken und brüten über Vorstellungen, die sie beim Einschlafen zufällig zuletzt beschäftigt haben. Sie haben die astralen Fähigkeiten, aber sie benutzen sie kaum. Sie sind *auf* der Astralebene sicherlich wach, aber sie sind nicht *für* diese Ebene wach, und sie sind sich ihrer Umgebung daher, wenn überhaupt, nur sehr undeutlich bewusst.

Wenn solch ein Mensch Schüler eines Meisters der Weisheit wird, dann wird er gewöhnlich sofort aus seinem Schlafzustand gerüttelt, so dass er den wirklichen Dingen, die ihn auf dieser Ebene umgeben, wach gegenübersteht. Er wird veranlasst, von ihnen zu lernen und unter ihnen zu wirken, so dass seine Stunden des Schlafes nun nicht länger mehr nutzlos verbracht werden, sondern mit tätiger und nützlicher Beschäftigung ausgefüllt sind, ohne irgendwie die nötige Ruhe des ermüdeten physischen Körpers zu beeinträchtigen.

Diese ausgetretenen Astralkörper sind bei den unentwickelten Individuen beinahe formlos und sehr unbestimmt in ihren Umrissen. Wenn der Mensch sich aber intellektuell und spirituell entwickelt, dann wird sein schwebender Astralleib schärfer umrissen und bestimmter und ähnelt mehr seiner physischen Hülle.

Häufig hört man die Frage: Wenn der unentwickelte Astralkörper so unbestimmt umrissen ist und die meisten Menschen zu dieser Gruppe gehören, wie ist es dann möglich, den gewöhnlichen Menschen überhaupt in seinem Astralkörper zu erkennen? Wenn wir uns diese Fragen beantworten wollen, dann müssen wir versuchen, uns klar zu machen, dass für das Auge des Hellsehenden der physische Körper des Menschen von der sogenannten Aura umgeben ist, einem leuchtenden Nebel, welcher der Form nach oval ist und etwa einen halben Meter über den Körper nach allen Richtungen hinausragt. Alle Forscher stimmen darin überein, dass diese Aura ein außerordentlich komplexes Gebilde ist und Materie aus all den verschiedenen Ebenen enthält, auf denen der Mensch auf seiner jetzigen Stufe Bewusstseinsträger besitzt; für den Augenblick jedoch wollen wir sie uns vorstellen, wie sie jemandem erscheint, der kein höheres Schauen hat als das astrale.

Für solch einen Betrachter würde die Aura natürlich nur Astralmaterie enthalten und daher einen verhältnismäßig einfacheren Gegenstand des Studiums bilden. Er würde jedoch bemerken, dass diese Astralmaterie den physischen Körper nicht nur umgibt, sondern ihn auch durchdringt, weshalb sie innerhalb der Umrisse des Körpers viel dichter gruppiert ist als außerhalb. Möglicherweise ist dies auf die Anziehungskraft der großen Menge dichter Astralmaterie zurückzuführen, die dort angesammelt ist und das Gegenstück zu den Zellen des physischen Körpers bildet. Wie dem auch sei, Tatsache ist, dass die Materie des Astralkörpers, die sich innerhalb der Grenzen des physischen Körpers befindet, viele Male dichter ist als außerhalb.

Wenn der Astralkörper sich während des Schlafes von der physischen Hülle zurückzieht, bleibt diese Anordnung bestehen, und jeder Hellsehende, der solch einen Astralkörper erblickt, sieht eine dem physischen Körper ähnliche Form, die von einer Aura umgeben ist. Diese Form besteht jetzt nur aus Astralmaterie; aber die Verschiedenheit ihrer Dichtigkeit von der des umgebenden Nebel ist vollständig genügend, um sie deutlich zu erkennen, obgleich sie selbst nur aus dichterem Nebel besteht.

Nun zum Unterschied in der Erscheinung eines entwickelten und eines unentwickelten Menschen: Bei letzterem sind die Züge und die Gestalt der inneren Form, wenn sie auch verwischt und unbestimmt sind, immer noch zu erkennen; aber die umgebende Eiform kann kaum noch als bestimmte Form bezeichnet werden, denn es ist tatsächlich nur eine gestaltlose Nebelwolke, mit weder regelmäßigen noch bleibenden Umrissen.

Beim entwickelten Menschen tritt sowohl in der Aura als auch im inneren Kern eine bemerkenswerte Änderung ein. Letzterer ist viel bestimmter umrissen und ist ein genaueres Abbild der physischen Erscheinung des Menschen, während wir statt des wogenden Nebelgebildes eine scharf umrissene eiförmige Form sehen, die ihre Gestalt unbeeinflusst inmitten der verschiedenartigen Strömungen beibehält, die sie auf der Astralebene fortwährend umwirbeln.

Da die psychischen Fähigkeiten der Menschheit sich im Zuge der Entwicklung befinden und Individuen aller Grade des Fortschritts existieren, so geht diese Klasse in unmerklichen Abstufungen in die vorher beschriebene über.

d) *Die schwarzen Magier und ihre Schüler.* Diese Gruppe entspricht in gewisser Weise der ersten, nur dass die Entwicklung zum Bösen anstatt zum Guten stattgefunden hat und die erworbenen Kräfte zu rein egoistischen Zwecken benutzt werden anstatt zum Wohle der Menschen. Unter den Magiern niederen

Ranges gibt es Einzelne, welche die schrecklichen Riten der Obeah- oder Voodoo-Schule ausüben. Ähnliches praktizieren auch die Medizinmänner einiger Eingeborenen-Stämme. Intellektuell höher, und deshalb um so mehr zu tadeln, sind einige tibetische Schwarzmagier, die oft, aber nicht ganz zutreffend, von den Europäern *Dûgpas* genannt werden, eine Bezeichnung, die eigentlich nur einem kleinen Teil zukommt, die eine Untergruppe der, wie wir sie nennen können, halbreformierten Schule des Tibetischen Buddhismus bildet. Die *Dûgpas* geben sich ohne Zweifel mit dunkler Magie ab, aber noch viel tiefer als diese stehen einige *Bön-pa* – die Anhänger der Religion der Urbewohner, die überhaupt nie irgendeine Form des Buddhismus angenommen haben.[1]

2. Die Toten

Um es gleich vorauszuschicken, das gewöhnlich gebrauchte Wort »Tote« ist eine sinnlose, unrichtige Bezeichnung, da die meisten Wesen, die unter diese Überschrift fallen, ein ebenso volles Leben besitzen wie wir selbst – oft entschieden ein noch volleres. Wir verstehen unter diesem Ausdruck einfach die, welche nicht an einen physischen Körper gebunden sind.

Sie können in neun Hauptklassen unterteilt werden:

a) *Die Nirmanakayas.* Diese Klasse erwähne ich nur der Vollständigkeit wegen, denn ein so hoch erhabenes Wesen betätigt sich nur sehr, sehr selten auf einer so niedrigen Ebene wie dieser. Wenn er in Verfolgung seines erhabenen Wirkens dies für wünschenswert hält, schafft der Nirmanakaya sich hierzu wahrscheinlich einen zeitweiligen Astralkörper aus der Materie die-

---

1 Hier hat sich nach der Besetzung Tibets durch die Chinesen natürlich vieles verändert. (Anm. d. Hrsg.)

ser Ebene, gerade wie der Adept im Mentalkörper es tut, einfach weil seine feinere, zartere Hülle dem astralen Blick unsichtbar sein würde. Um, ohne einen Augenblick zu verlieren, auf jeder Ebene funktionieren zu können, behält er stets einige Atome von jeder Ebene in sich, die er dann als Kern benutzt, um den herum er sofort weitere Materie der betreffenden Art zusammenziehen und sich so jedes Werkzeug, das er wünscht, herstellen kann. Weitere Hinweise über die Stellung und die Aufgaben der Nirmanakayas finden sich in Helena Blavatskys »Stimme der Stille«.

b) *Die Schüler, die auf die Wiederverkörperung warten.* Es ist oft in der theosophischen Literatur darauf hingewiesen worden, dass der Schüler eines Meisters, der eine gewisse Stufe erreicht hat, mit dessen Hilfe imstande ist, sich dem Gesetz zu entziehen, das für gewöhnlich den Menschen nach dem Tod zur Himmelswelt führt, um dort das volle Auswirken aller spirituellen Kräfte zu ernten, welche sein hohes Streben auf Erden ins Leben gerufen hat.

Da ein solcher Schüler ein sehr reines Leben voll hoher Gedanken geführt haben muss, werden seine spirituellen Kräfte wahrscheinlich von ungewöhnlicher Stärke sein, und wenn er »sein Devachan nimmt«, um diesen technischen Ausdruck zu gebrauchen, so würde dieses wohl von außerordentlich langer Dauer sein. Wenn er aber statt dessen den „Pfad des Verzichtens" wählt (und so, wenn auch auf seiner niedrigen Stufe und auf seine bescheidene Weise, den Fußstapfen des großen Meisters des Verzichtes, Gautama Buddha selbst, folgt), dann ist er imstande, diese Kraftreserve in ganz anderer Richtung zu verwenden, sie zum Wohl der Menschheit zu benutzen und so, wie unendlich klein auch sein Opfer sein mag, in geringem Maße an dem großen Werk der Nirmanakayas teilzunehmen. Wenn er diesen Weg einschlägt, dann opfert er zweifellos Jahrhunderte höchster Seligkeit; aber andererseits hat er den außerordentlichen Vorteil, dass er sein Leben der Arbeit und des Aufstiegs ohne Unterbrechung fortsetzen kann.

Wenn ein Schüler, der sich hierzu entschlossen hat, stirbt, dann verlässt er einfach seinen Körper, wie er es vorher schon oft getan hat, und wartet auf der Astralebene, bis sein Meister eine passende Wiederverkörperung für ihn vorbereiten kann. Da dies eine ganz besondere Abweichung von dem gewöhnlichen Lauf der Dinge einschließt, ist die Zustimmung einer sehr hohen Autorität nötig, bevor der Versuch gemacht werden kann. Aber selbst wenn diese Zustimmung erteilt wurde, ist die Kraft des natürlichen Gesetzes so stark, dass, wie es heißt, der Jünger sorgfältig darauf achten muss, sich während dieser Vorbereitung streng auf der Astralsphäre zu halten; denn wenn er auch nur für einen Augenblick die Devachan-Sphäre berührt, kann er durch einen unwiderstehlichen Strom wieder in den gewöhnlichen Lauf der Entwicklung hineingerissen werden.

In manchen, allerdings seltenen Fällen wird es ihm ermöglicht, die Mühe einer neuen Geburt zu sparen und sofort den Körper eines Erwachsenen einzunehmen, dessen früherer Besitzer ihn nicht mehr benötigt. Natürlich ist es nicht oft der Fall, dass ein passender Körper bereit steht. Viel häufiger geschieht es, dass er, wie erwähnt, auf der Astralebene zu warten hat, bis sich die Gelegenheit einer passenden Geburt bietet. Währenddessen verliert er jedoch keine Zeit, denn er ist ebenso vollständig er selbst wie immer, und er ist imstande, seine vom Meister gegebene Aufgabe weiter auszuführen, ja noch leichter und wirkungsvoller als im physischen Körper, denn das Hindernis der Ermüdung ist hier nicht mehr möglich. Sein Bewusstsein ist selbstverständlich vollständig und klar, und er kann sich auf allen Abteilungen der Astralsphäre mit gleicher Leichtigkeit bewegen. Ein Jünger, der seine Wiederverkörperung abwartet, ist keineswegs eine gewöhnliche Erscheinung auf der Astralebene, dennoch sind solche dort anzutreffen und bilden daher eine unserer Klassen. Wenn die Entwicklung der Menschheit weiter vorrückt und ein stetig wachsender Teil den geistigen Pfad einschlägt, wird diese Klasse zweifellos immer zahlreicher werden.

c) *Die gewöhnlichen Menschen nach dem Tode.* Es ist unnötig zu bemerken, dass diese Klasse unzählige Male größer ist als die bisher besprochenen und der Charakter und die Zustände der Mitglieder dieser Gruppe außerordentlich weit voneinander abweichen. Ebenso verschieden ist die Länge ihres Aufenthalts in der Astralsphäre; denn während einige nur wenige Tage oder Stunden dort verweilen, bleiben andere viele Jahre, ja selbst Jahrhunderte auf dieser Stufe.

Ein Mensch, der ein gutes und reines Leben geführt hat, dessen stärkstes Streben und Sinnen selbstlos und spirituell war, wird von dieser Ebene angezogen und wird, wenn es ganz auf ihn selbst ankommt, wenig dort finden, was ihn festhält oder was ihn auch nur für die verhältnismäßig kurze Zeit seines Aufenthaltes dort zur Tätigkeit erwecken würde. Man muss sich klar machen, dass der eigentliche Mensch sich nach dem Tod in sich selbst zurückzieht, und gerade so, wie er beim ersten Akt dieses Vorganges seinen physischen Körper abwirft und fast sofort darauf seinen ätherischen, so sollte er sobald wie möglich den Astral- oder Begierdenkörper ablegen und in die Himmelswelt (Devachan) übergehen, wo allein sein spirituelles Leben seine vollkommene Befriedung und seinen Lohn findet. Wer edel und reinen Herzens ist, der kann dies vollführen, denn er hat alle irdischen Leidenschaften schon während seines Lebens überwunden und die Energie seines Willens in höhere Kanäle geleitet. Es ist daher nur wenig Energie niedrigeren Begehrens geblieben, die sich noch auf der Astralebene auswirken müsste. Infolgedessen wird sein Aufenthalt dort sehr kurz sein, und wahrscheinlich hat er nur ein träumerisches Halbbewusstsein von seinem Dortsein, bis er in den Schlaf versinkt, in welchem seine höheren

Grundteile sich endgültig von der astralen Hülle befreien und zum seligen Leben der Himmelswelt erwachen.

Für diejenigen, die noch nicht den Pfad der geistigen Entwicklung betreten haben, ist der eben beschriebene Vorgang der Idealfall, aber er trifft natürlich nicht bei der Mehrzahl zu. Der Durchschnittsmensch hat sich keineswegs vor dem Tod von allen niedrigen Begierden befreit, und es bedarf eines langen Lebens bei mehr oder weniger vollem Bewusstsein auf den verschiedenen Abteilungen der Astralebene, damit die Kräfte, die er erzeugt hat, sich auswirken und das höhere Ego dann frei wird. Jeder muss nach dem Tod alle Abteilungen der Astralebene auf seinem Weg zur Himmelswelt durchlaufen, womit aber nicht gesagt sein soll, dass er auf allen bei Bewusstsein ist. Wie der physische Körper aus fester, flüssiger, gasförmiger und ätherischer Materie besteht, so muss auch der astrale Körper Partikel aller Unterabteilungen astraler Materie enthalten, wenn auch in verschiedenen Fällen in sehr verschiedenem Verhältnis.

Ferner ist in Betracht zu ziehen, dass der Mensch zugleich mit der Materie seines Astralkörpers auch die entsprechende Elementaressenz aufnimmt, die von der großen Masse ähnlicher Materie während seines Lebens abgesondert wird zu etwas, das eine Art künstliches Elemental genannt werden kann. Dieses hat zeitweilig eine eigene, gesonderte Existenz und folgt, ohne die Bedürfnisse oder Interessen des Egos, in welchem es lebt, zu berücksichtigen oder auch nur zu kennen, seiner eigenen, abwärts zur Materie gehenden Entwicklung und verursacht dadurch jenen fortwährenden, in religiösen Schriften so oft beschriebenen Kampf zwischen dem Willen des Fleisches und des Geistes. Obwohl hier das »Gesetz der Glieder im Kampf liegt wider das Gesetz des Geistes«, und obwohl der, welcher dem ersteren gehorcht, anstatt es zu beherrschen, seine Entwicklung ernstlich verzögert, so darf man dieses Gesetz doch nicht an und für sich für böse halten, denn es ist und bleibt ein Gesetz, eine ihren normalen Verlauf nehmende Ausströmung der göttlichen Macht, wenn sie auch, statt nach aufwärts, wie die unsrige, hinab in die Materie führt.

Wenn der Mensch nach dem Tod die physische Ebene verlässt, dann beginnen die Naturkräfte an seinem Astralkörper ihr Zersetzungswerk, und dieses Elemental sieht dadurch sein Sonderdasein bedroht. Es setzt sich daher zur Wehr und versucht, den Astralkörper so lange wie möglich zusammenzuhalten. Sein Verfahren besteht darin, die Materie, aus welcher der Körper besteht, in schichtenartig ihn umschließenden Hüllen anzuordnen, von denen die der niedersten, gröbsten Unterebene angehörige außen liegt, da der Auflösung auf diese Weise der größte Widerstand entgegengesetzt wird.

Nun hat der Mensch auf der niedrigsten Unterebene so lange zu verweilen, bis er so viel seines Selbstes wie möglich von der Materie dieser Unterebene befreit hat, worauf sein Bewusstsein sich in der nächsten, aus der Materie der sechsten Unterebene bestehenden Hülle konzentriert oder auf die nächste Unterebene übergeht. Man kann sagen, dass der Astralkörper, sobald sich seine Anziehung zu einer Sphäre erschöpft hat, die meisten seiner gröberen Teilchen abwirft und sich dann zu einem etwas höheren Daseinszustand hingezogen fühlt. Sein spezifisches Gewicht nimmt sozusagen beständig ab, er erhebt sich daher stetig aus den dichteren zu den feineren Schichten und hält damit nur inne, wenn und solange vorübergehend ein genaues Gleichgewicht vorhanden ist. Hierin haben wir offenbar auch die Erklärung für eine von 'Verstorbenen' in spiritistischen Sitzungen häufig gemachte Bemerkung, dass sie im Begriff seien, sich zu einer höheren Sphäre zu erheben, von wo aus sie sich unmöglich oder nur schwer durch ein Medium mitteilen könnten. Es ist tatsächlich richtig, dass es jemand auf der höchsten astralen Unterebene fast unmöglich finden würde, sich eines gewöhnlichen Mediums zu bedienen.

So zeigt sich denn, dass unser Aufenthalt auf irgendeinem Niveau der Astralebene genau der Menge der Materie dieses Niveaus, die sich in unserem Astralkörper befindet, entspricht, und diese Menge hängt wiederum von dem Leben ab, das wir gelebt, sowie von den Begierden, denen wir nachgegeben haben. Dadurch wird die Art der Materie bestimmt, die wir heranziehen und in unser Wesen einbauen. Es ist daher in unsere Hand gegeben, durch ein reines Leben und hohes Denken die Menge des den niederen astralen Bereichen angehörigen Materials, das wir an uns ziehen, zu vermindern und diese in einen Zustand zu bringen, wo schon der erste Angriff der auflösenden Kraft seinen Zusammenhalt erschüttert, es in seinen ursprünglichen Zustand zurückführt und uns so zur nächsten Unterebene die Bahn frei macht.

Bei einem Menschen von durch und durch spirituellem Charakter ist dieser Zustand hinsichtlich aller Abteilungen der Astralmaterie bereits erreicht, und er wird infolgedessen tatsächlich diese ganze Ebene in einem Augenblick durchlaufen, so dass sich das Bewusstsein erst in der Himmelswelt wieder einstellt. Natürlich darf man sich die Unterebenen, wie schon bemerkt, niemals als räumlich getrennt vorstellen, sondern als einander durchdringend, so dass wir mit den Worten, jemand gehe von einer Unterebene zur anderen, höheren über, nicht meinen, er bewege sich überhaupt räumlich fort, sondern nur, dass das Bewusstsein seinen Brennpunkt von der äußeren Hülle nach der nächsten inneren verschiebt.

Ein Erwachen auf dem niedersten Niveau der Astralebene findet in der Regel nur bei denen statt, deren Begierden grob und brutal waren, wie etwa bei Alkoholikern, Perversen oder Mördern. Die Zeit ihres Verweilens dort richtet sich nach der Stärke ihrer Begierden, und sie leiden dort oft schrecklich dadurch, dass einerseits diese Begierden noch immer so stark sind wie eh und je, sie andererseits aber kein Mittel mehr finden, sie zu befriedigen, außer gelegentlich in stellvertretender Weise, wenn es ihnen gelingt, sich eines gleichgesinnten Menschen zu bemächtigen, so dass sich bei diesem dann eine Art Besessenheit einstellt.

Den durchschnittlichen Menschen wird voraussichtlich wenig auf jener siebten Unterebene fesseln. Wenn seine Wünsche und Gedanken aber hauptsächlich auf weltliche Dinge gerichtet waren, so wird er sich auf der sechsten Unterebene an jenen Orten und bei solchen Leuten aufhalten, mit denen er auf Erden am engsten verbunden war. Die fünfte und vierte Unterebene ist von ähnlicher Art, nur dass hier die irdischen Beziehungen immer mehr an Bedeutung verlieren und der hier Lebende danach trachtet, seine Umgebung möglichst seinen bleibenderen Gedanken gemäß zu gestalten.

Kommen wir dann in die dritte Unterebene, so zeigt sich, dass die eben erwähnte Eigentümlichkeit die Bewohner vollständig daran hindert, die Wirklichkeit der Ebene noch zu sehen, denn hier leben sie in Städten ihrer eigenen Fantasie – natürlich nicht so, als hätte jeder seine Umgebung, wie in der Himmelswelt, ganz durch seine eigenen Gedanken gebildet, sondern er hat die von seinen Vorgängern in Gedanken errichteten Gebäude übernommen und weiter ausgestaltet. Hier befinden sich die in spiritistischen Sitzungen so oft beschriebenen Kirchen, Schulen und »Wohnungen im Sommerland«. Dem vorurteilslosen irdischen Beobachter erscheinen diese freilich oft viel weniger real und herrlich als den entzückten Schöpfern selbst.

Die zweite Unterebene scheint speziell der Wohnort selbstsüchtiger und unspiritueller religiöser Menschen zu sein. Hier trägt ein jeder seine goldene Krone und betet das selbst geschaffene, grob materielle Abbild der besonderen Gottheit seines Landes und seiner Zeit an.

Die höchste Unterebene scheint sich in erster Linie für die zu eignen, die sich während ihres Lebens materialistischen, jedoch intellektuellen Forschungen hingegeben haben, und zwar nicht um den Mitmenschen zu dienen, sondern aus Ehrgeiz oder um des Intellektualismus wegen. Solche Individuen verbleiben dort oft lange Jahre und sind sehr zufrieden, ihre Probleme weiter verfolgen zu können, nützen aber damit niemandem – und ihr Aufstieg zur Himmelswelt geht nur langsam vonstatten.

Es sei hier erneut betont, dass diese Unterebenen mit einer Raumvorstellung nichts zu tun haben. Ein Bewohner dieser Sphäre kann auf seiner Unterebene mit gleicher Leichtigkeit nach Australien schweben oder wohin sonst ihn seine Gedanken ziehen mögen; aber es ist ihm nicht möglich, sein Bewusstsein auf die nächsthöhere Unterebene zu übertragen, ehe nicht der beschriebene Vorgang der Loslösung vollzogen ist. Diese Regel lässt unseres Wissens keine Ausnahme zu, wenn auch natürlich das auf irgendeiner Unterebene bewusst ausgeübte Handeln eines Menschen seine Verbindung mit ihr innerhalb gewisser Grenzen sowohl verkürzen als auch verlängern kann.

Der Grad des Bewusstseins auf einer beliebigen Unterebene unterliegt aber nicht immer demselben Gesetz. Um dessen Walten in verschiedenen Fällen zu verstehen, wollen wir ein extremes Beispiel betrachten. Gesetzt den Fall, jemand habe von seiner vorhergehenden Verkörperung her Neigungen mit herüber gebracht, die zu ihrer Manifestation sehr viel Materie der siebten, der niedersten Unterebene benötigen, wäre aber in seinem jetzigen Leben in seiner frühesten Jugend glücklicherweise belehrt worden, dass diese Neigungen beherrscht werden können und müssen. Seine dahingehenden Anstrengungen werden schwerlich von einem vollständigen Erfolg gekrönt worden sein, doch die Verdrängung der gröberen Teilchen in seinem Astralkörper durch feinere kann wohl stetig, wenngleich langsam fortschreiten.

Dieser Vorgang wird günstigenfalls ein sehr allmählicher sein, und ist es sehr leicht möglich, dass er beim Tod des Betreffenden erst zur Hälfte verlaufen ist. In einem solchen Falle wäre in seinem Astralkörper noch genügend Materie der niedersten Unterebene vorhanden, um ihn zu einem nicht gerade kurzen Aufenthaltes daselbst zu nötigen. Doch sein Bewusstsein hatte in dieser Materie während der jetzigen Verkörperung niemals funktioniert, und da es diese Gewohnheit nun nicht plötzlich erwerben kann, so würde der Betreffende auf dieser Unterebene zwar zu verweilen haben, bis sich sein Anteil an ihrer Materie aufgelöst hat, jedoch in bewusstlosem Zustand. Er würde also während seines ganzen Aufenthalts dort im Schlummer liegen und daher von den vielen Unannehmlichkeiten daselbst gänzlich unberührt bleiben.

Nebenbei bemerkt, hängt die Verständigungsmöglichkeit auf der Astralebene allein von dem Wissen einer Wesenheit ab. Während ein Schüler, der seinen Mentalkörper zu benutzen versteht, seine Gedanken durch mentale Übertragung den dort weilenden menschlichen Wesen leichter und schneller auf Erden mitteilen kann, sind die Bewohner dieser Ebene meistens nicht imstande, diese Fähigkeit auszuüben. Sie scheinen vielmehr ähnlichen Beschränkungen wie auf Erden unterworfen zu sein, wenn diese auch weniger starr sein mögen. Daher kommt es vor, dass sie sich dort wie hier entsprechend ihrer gemeinsamen Neigungen, Ansichten und Sprachen in Gruppen zusammenfinden.

Die sozialistische Idee, dass der Tod alles gleich macht, ist reiner Unsinn, der aus Unkenntnis der Tatsachen entstanden ist; denn in Wirklichkeit ändert in der bei weitem größten Zahl der Fälle das Ablegen des physischen Körpers nicht im Geringsten den Charakter oder die Intelligenz des Menschen. Es gibt daher bei denen, die wir gewöhnlich die Toten nennen, ebenso viele Unterschiede in der Intelligenz wie bei den Lebenden.

Die allgemeinen religiösen Lehren im Westen über die Zustände und Erlebnisse des Menschen nach dem Tod sind so haarsträubend unzutreffend, dass selbst intelligente Menschen oft außerordentlich verwirrt sind, wenn sie nach dem Tod in der Astralwelt das Bewusstsein wiedererlangen. Der Zustand, in dem der neue

Ankömmling sich befindet, unterscheidet sich so von Grund aus von dem, welchen er nach seiner Glaubenslehre erwarten musste, dass er sich nicht selten weigert zu akzeptieren, er habe überhaupt schon die Pforten des Todes durchschritten. Von so geringem praktischen Wert ist unser viel gerühmter Glaube an die Unsterblichkeit der Seele, dass die meisten Menschen gerade die Tatsache, dass sie ihrer selbst bewusst sind, als absoluten Beweis dafür betrachten, dass sie nicht gestorben sind.

Die schreckliche Lehre von einer ewigen Bestrafung ist ebenfalls dafür verantwortlich, dass viele neue Ankömmlinge in dieser höheren Welt eine große, sehr bedauerliche und gänzlich grundlose Furcht empfinden. In vielen Fällen verbringen sie lange Zeit in heftigem mentalen Leiden, ehe sie sich von der verhängnisvollen Nachwirkung dieser abscheulichen und gotteslästerlichen Lehre befreien können und zur Erkenntnis gelangen, dass die Welt nicht nach der Laune irgendeines Dämons regiert wird, der mitleidlos auf die Seelenangst der Menschen blickt, sondern nach einem wohlwollenden und wunderbar langmütigen Gesetz der Entwicklung. Viele Angehörige jener jetzt behandelten Klasse kommen allerdings nicht wirklich zu einer verständigen Würdigung dieser Tatsache der Entwicklung, sondern treiben auf dieser astralen Zwischenstufe ebenso ohne Ziel und Zweck umher, wie sie es während des physischen Teils ihres Lebens getan haben. So sind es nach dem Tode, genauso wie vorher, nur die Wenigen, die etwas von ihrer Lage begreifen und das Beste daraus zu machen wissen, während die Menge dieses Wissen noch nicht erlangt hat. So wie auf Erden, sind diese Unwissenden selten bereit, sich den Rat oder das Beispiel der Wissenden zunutze zu machen.

Welchen Grad der Intellekt eines Wesens auch erreicht haben mag, er schwankt fortwährend nach oben und nach unten, und gleichzeitig vermindert er sich allmählich immer mehr, denn der niedere Verstand des Menschen wird nach entgegengesetzten Richtungen gezogen, von der höheren, spirituellen Natur, die von oberhalb seines Niveaus aus auf ihn wirkt, und von den starken Begierdekräften, die von unten arbeiten. Daher schwingt er zwischen den zwei Anziehungskräften hin und her, mit immer zunehmender Tendenz zur ersteren, denn die Kräfte der niederen Begierden erschöpfen sich.

Hierin ist einer der Einwände gegen spiritistische Sitzungen begründet. Ein außerordentlich unwissender oder herabgekommener Mensch kann ohne Zweifel viel dadurch lernen, dass er nach seinem Tod mit einem Kreis ernster Séance-Teilnehmer unter der Leitung einer verlässlichen Person in Verbindung kommt. Ihm kann so tatsächlich geholfen und er kann angehoben werden, aber beim Durchschnittsmenschen hebt sich das Bewusstsein aus den niederen Teilen seiner Natur stetig hinauf zu den höheren, und es kann augenscheinlich seiner Entwicklung nicht nützen, wenn seine niedrigen Teile aus der natürlichen und wünschenswerten Bewusstlosigkeit, in die sie versinken, wieder erweckt und in die Berührung mit der Erde zurückgezogen werden, um sich durch ein gewöhnliches Medium zu betätigen. Die besondere Gefahr wird man erkennen, wenn man bedenkt, dass der wirkliche Mensch, da er sich stetig mehr und mehr in sich selbst zurückzieht, mit der Zeit weniger und weniger fähig ist, seine niederen Teile zu beeinflussen oder zu leiten, wenngleich diese trotzdem, bis die Trennung vollständig ist, Karma zu erzeugen vermögen. Dieses dürfte unter solchen Umständen weit wahrscheinlicher ein schlimmes als ein gutes sein.

Ganz abgesehen von dieser Frage der Entwicklung durch ein Medium gibt es noch einen anderen und viel öfter ausgeübten Einfluss, der ein entkörpertes Wesen auf seinem Weg zur Himmelswelt ernstlich zurückhalten kann, und das ist der heftige und oft zügellose Gram der überlebenden Freunde oder Verwandten. Das ist eine der vielen traurigen Folgen der schrecklichen und unrichtigen, ja irreligiösen Ansicht, welche wir uns hier im Westen seit Jahrhunderten über den Tod gebildet haben. Wir bereiten uns hierdurch nicht nur selbst eine Menge unnötiger Schmerzen über diese zeitweilige Trennung von unseren Lieben, sondern verursachen auch ihnen, für die wir doch eine so tiefe Liebe empfinden, oft gerade durch diesen bitteren Gram, dem wir uns hingeben, ernstlichen Schaden.

Wenn unser Bruder im Naturverlauf friedlich in die Bewusstlosigkeit versinkt, die seinem Erwachen inmitten der Herrlichkeit der Himmelswelt vorangeht, dann wird er zu häufig aus seinen glücklichen Träumen zu lebhafter Erinnerung an das Erdenleben erweckt, das er soeben hinter sich gelassen hat, und zwar nur durch die Einwirkung der leidenschaftlichen Schmerzen und Wünsche seiner Freunde auf Erden, die entsprechende Schwingungen in seinem eigenen Begierdenkörper erwecken und ihm so in empfindlicher Weise den Frieden rauben.

Es wäre sehr wünschenswert, wenn die, denen liebe Freunde ins Jenseits vorausgegangen sind, aus diesen unzweifelhaften Tatsachen die Pflicht erkennen wollten, eben um dieser lieben Verstorbenen willen ihren Schmerz einzuschränken, der ja sehr natürlich, aber doch seinem eigentlichen Wesen nach selbstsüchtig ist. Die esoterische Lehre empfiehlt durchaus nicht, die Toten zu vergessen, nicht im Mindesten; aber sie weist darauf hin, dass die liebevolle Erinnerung an einen dahingegangenen Freund eine Kraft ist, die, falls man sie auf ernstliche gute Wünsche für sein ruhiges Durchschreiten des Zwischenreichs und seinen baldigen Aufstieg zur Himmelswelt anwendet, für ihn von wirklichem Wert sein würde, während sie, wenn man sie im Grämen um ihn und im Verlangen, ihn zurückzuerhalten, vergeudet, ihm nicht nur nichts nützt, sondern ihm sogar schadet. Sehr mit Recht schreibt daher der Hinduismus seine Shrâddha-Zeremonien vor und die Katholische Kirche ihre Gebete für die Toten.

Manchmal jedoch kommt es vor, dass auf der anderen Seite der Wunsch vorhanden ist, eine Verbindung herzustellen. Der Tote hat etwas Besonderes auf dem Herzen, was er denen mitzuteilen wünscht, die er zurückgelassen hat. In einzelnen Fällen ist es eine wichtige Angelegenheit, etwa die Angabe des Ortes, wo ein gesuchtes Testament liegt; aber meistens scheint es uns recht unerheblich. Was es auch sein mag, wenn es die Psyche des Jenseitigen stark bedrückt, dann ist es zweifellos wünschenswert, dass es ihm ermöglicht wird, diese Angelegenheit zu erledigen, weil sonst die Sorge um diese Sache seine Gedanken fortwährend wieder zur Erde zurückzieht und ihn davon abhält, in höhere Sphären weiterzugehen. In einem solchen Fall ist ein Sensitiver, der ihn verstehen, oder ein Medium, durch das er schreiben oder sprechen kann, von wirklichem Nutzen für ihn.

Mancher mag fragen: Weshalb er denn nicht ohne ein Medium sprechen oder schreiben kann? Der Grund hierfür ist der, dass ein Grad von Materie für gewöhnlich nur auf den nächst niederen Grad einwirken kann, und da er jetzt in seinem Organismus keine dichtere Materie besitzt als die, aus der sein Astralkörper besteht, so ist es ihm unmöglich, Schwingungen im physischen Stoff der Luft hervorzubringen oder einen physischen Bleistift zu bewegen, ohne lebende Materie des dazwischenliegenden Grades, die in einem Ätherkörper enthalten ist, zu entlehnen, durch die ein Impuls leicht von einer Ebene auf die andere übertragen werden kann. Er kann dieses Material nicht von einem gewöhnlichen Menschen borgen, weil dessen Grundteile zu eng miteinander verbunden sind, um durch solche Mittel getrennt werden zu können, die ihm wohl wahrscheinlich nur zu Gebote stehen. Das Wesentliche der Medialität ist aber gerade die leichte Trennbarkeit der feinstofflichen Körper, und deshalb kann er von einem Medium ohne große Schwierigkeit die Materie beziehen, die er benötigt, um sich zu manifestieren.

Wenn er kein Medium findet oder nicht weiß, wie er es anzufangen hat, sich seiner zu bedienen, dann macht er wohl manchmal plumpe und ungeschickte Versuche, sich direkt mitzuteilen. Durch die Stärke seines Willens setzt er dann Elementalkräfte in Tätigkeit, die blind wirken und vielleicht solche anscheinend zwecklosen Manifestationen bewerkstelligen, wie Steinwerfen, Glockenläuten und ähnliche Phänomene. Es kommt dann häufig vor, dass ein psychisch Veranlagter oder ein Medium, das sich in das Haus begibt, wo solche Kundgebungen stattfinden, imstande ist zu entdecken, was das Wesen, das diese hervorruft, sagen oder tun will. Der Betreffende mag so diese Störungen zum Abschluss bringen. Immer wird dies jedoch nicht der Fall sein, da jene Elementalkräfte gelegentlich durch ganz andere Ursachen in Bewegung gesetzt werden.

d) *Die Schatten.* Wenn die Trennung der Grundteile vollständig vor sich gegangen ist, dann hört für den Menschen das astrale Leben auf und er geht, wie schon erwähnt, in den Zustand des Devachan über. Aber so wie er beim physischen Tod seinen physischen Körper zurücklässt, hinterlässt er bei seinem astralen Tod einen sich in Auflösung befindlichen Astralkörper. Wenn er sich während des Lebens auf Erden von allen irdischen Wünschen befreit und alle seine Energie auf selbstloses spirituelles Streben gerichtet hat, dann ist sein höheres Ego imstande, seinen ganzen niederen Verstand, den es in die Verkörperung hinabgesandt hatte, in sich selbst zurückzuziehen. In diesem Fall stellt der Körper, den er auf der Astralebene zurücklässt, einen Leichnam dar, gerade wie der zurückgelassene physische Körper, und er gehört dann nicht in diese Klasse, sondern in die nächste.

Selbst im Fall eines etwas weniger vollkommenen Lebens wird fast dasselbe eintreten, wenn man die Kräfte der niedrigen Wünsche sich ungestört auf der Astralebene erschöpfen lässt. Aber die große Mehrzahl der Menschen macht nur sehr nichtssagende und oberflächliche Anstrengungen auf der Erde, um die weniger hohen Triebe ihrer Natur loszuwerden. Sie verurteilen sich dadurch nicht nur zu einem erheblich verlängerten Aufenthalt in diesem Zwischenreich, sondern auch zu etwas, was man nicht anders als den Verlust eines Teiles ihres niederen Verstandes bezeichnen kann.

Das ist zwar eine etwas materialistische Art, um die Spiegelung des höheren Verstandes in den niederen darzustellen, aber man gewinnt doch eine ziemlich genaue Vorstellung von dem, was tatsächlich stattfindet, wenn man die Hypothese annimmt, dass das Manas-Prinzip (Denk-Prinzip) bei jeder Wiederverkörperung einen Teil seiner selbst in die niedere Welt des physischen Lebens hinabsendet, mit der Absicht, diesen Teil am Ende des Lebens, bereichert mit allen seinen verschiedenen Erfahrungen, wieder an sich zu ziehen. Der gewöhnliche Mensch aber macht sich bedauerlicherweise so sehr zum Sklaven aller Arten niedrigen Verlangens, dass ein gewisser Teil dieses niederen Verstandes sehr eng mit dem Begierdenkörper verwächst, und wenn die Scheidung am Abschluss seines astralen Lebens stattfindet, muss der mentale Grundteil sozusagen auseinandergerissen werden, und der unreife Teil bleibt in dem sich zersetzenden Astralkörper hängen.

Dieser Körper besteht daher aus Partikeln astraler Materie, von denen der niedere Verstand sich nicht hat befreien können und welche ihn daher gefangenhalten; denn wenn der Mensch in die Himmelswelt übergeht, hängen sich diese astralen Partikel an einen Teil seines Verstandes und reißen ihn sozusagen ab. Wie viel von der Materie einer jeden Stufe in dem zerfallenen Astralkörper noch vorhanden ist, hängt daher von dem Maße ab, in welchem sich der Verstand unlösbar in die niederen Leidenschaften verstrickt hat. Da der Verstand beim Aufstieg von Stufe zu Stufe unfähig ist, sich vollständig von der Materie jeder dieser Stufen zu befreien, so ist es leicht einzusehen, dass der zurückgebliebene astrale Rest alle die groben Bestandteile aufweisen wird, denen es gelungen war, mit ihm in Verbindung zu bleiben.

So entstehen die Arten von Wesen, die man die »Schatten« genannt hat. Wesen, die allerdings keineswegs das wirkliche Individuum darstellen, denn dieses ist in die Himmelswelt weitergegangen. Trotzdem besitzt dieses Wesen genau seine persönliche Erscheinung und ebenso sein Gedächtnis und alle seinen kleinen Eigenheiten; es kann daher leicht irrtümlich für den wirklichen Menschen gehalten werden, wie dies in spiritistischen Sitzungen häufig geschieht. Solch ein Schattenwesen ist sich natürlich keinerlei Schauspielerei bewusst, denn so weit es überhaupt denken kann, hält es sich natürlich noch für die Persönlichkeit; aber man kann sich den Schrecken und den Abscheu der Freunde des 'Verstorbenen' vorstellen, wenn sie sich darüber klar werden würden, anstatt ihres geliebten Freundes eine bloße seelenlose Sammlung aller seiner niedrigsten Eigenschaften begrüßt zu haben.

Die Lebensdauer eines solchen Schattens richtet sich nach der Menge niederen Verstandes, die ihn beseelt. Da dieser fortwährend im Auflösungsprozess begriffen ist, nimmt seine Denkfähigkeit stetig ab, obgleich er einen guten Teil einer Art tierischer Schlauheit besitzen mag; und selbst gegen Ende seines Lebenslaufes ist er noch imstande, sich durch die erborgte Intelligenz eines Mediums mitzuteilen. Aus seiner Natur ergibt sich, dass er üblen Einflüssen aller Art außerordentlich leicht zugänglich ist, und da er sich von seinem höheren Ego getrennt hat, so ist nichts in ihm, was auf gute Einwirkungen reagieren könnte. Er ist daher leicht bereit, sich für verschiedene unbedeutende Vorhaben einer niedrigeren Art schwarzer Magier herzugeben. Was von mentaler Materie in ihm ist, vergeht allmählich und kehrt in seine eigene Welt zurück, wenn auch nicht zu einem individuellen Verstand. So geht der Schatten fast unmerklich in ein Wesen der nächsten Klasse über.

e) *Die Schalen.* Dies sind nur noch die reinen Astral-Leichname in den späteren Stadien der Zersetzung; alle mentalen Teilchen sind verschwunden. Sie sind gänzlich ohne irgendeine Art von Bewusstsein oder Intelligenz und treiben passiv in den astralen Strömungen umher, so wie eine Wolke in beliebiger Richtung vom Winde dahingetrieben wird. Doch selbst jetzt noch können sie für kurze Zeit zu einer grausigen Lebensposse galvanisiert werden, wenn sie mit der Aura eines Mediums in Berührung kommen. Unter solchen Umständen gleicht eine derartige Schale, der äußeren Erscheinung nach, noch genau der abgeschiedenen Persönlichkeit. Sie mag selbst bis zu einem gewissen Grad deren gewöhnliche Ausdrucksweise und Handschrift zeigen; aber dies geschieht nur ganz automatisch, da die Zellen, aus denen die Schale besteht, die Neigung haben, bei äußerem Anreiz die Art der Tätigkeit zu wiederholen, an die sie am meisten gewöhnt waren. Was immer sich bei solchen Manifestationen an Intelligenz zeigen mag, stammt jedenfalls nicht von dem eigentlichen Menschen, sondern von dem Medium oder seinen »Kontrollgeistern«.

Häufiger jedoch wird sie in ganz anderer Weise wiederbelebt, doch soll dies im nächsten Abschnitt beschrieben werden.

Die Schale hat auch die Eigentümlichkeit, dass sie unwillkürlich auf Schwingungen – und zwar gewöhnlich solche niedrigster Art – reagiert, die während ihres letzten Stadiums als »Schatten« häufig in ihr vibriert haben. Infolgedessen empfinden Personen von starken bösen Neigungen und Leidenschaften häufig, wenn sie physischen Manifestationen in spiritistischen Sitzungen beiwohnen, dass sich diese Neigungen in ihnen verstärken, so als würden sie von den unbewussten Schalen auf sie zurückgeworfen.

Es gibt noch eine andere Art von Leichnamen, die wir in dieser Abteilung erwähnen müssen, obwohl sie zu einem viel früheren Stadium der Geschichte des Menschen nach dem Tod gehört. Es wurde oben schon erwähnt, dass nach dem Tod des physischen Körpers die astrale Hülle sich verhältnismäßig bald umgestaltet und der ätherische Körper abgeworfen wird. Dieser letztere nun verfällt dem Schicksal langsamer Auflösung, gerade so wie später die astrale Schale.

Diese *ätherischen* Schalen sieht man jedoch nicht ziellos umhertreiben wie die Art, welche wir bisher besprachen. Im Gegenteil, sie verbleiben innerhalb weniger Meter von dem verfallenen physischen Körper, und da sie für jeden nur etwas Sensitiven leicht sichtbar sind, so geben sie die Veranlassung zu den so vielfach umlaufenden Friedhof-Gespenstergeschichten. Geht jemand, der psychisch entwickelt ist, über einen unserer großen Kirchhöfe, so sieht er hunderte dieser bläulich weißen Nebelgestalten, wie sie über den Gräbern hocken, über den Lagerstätten der physischen Hüllen, die sie erst kürzlich verlassen haben, und da sie sich, wie ihre dichteren Gegenstücke, in den verschiedensten Graden der Auflösung befinden, so ist ihr Anblick keineswegs ein erfreulicher. Wie die andere Art Schalen, ist auch diese vollständig ohne Bewusstsein und Intelligenz, und obgleich sie unter gewissen Bedingungen zu einem zeitweiligen Leben in grauenhafter Form galvanisiert werden kann, so ist das doch nur durch Anwendung einiger der widerlichsten Riten einer der schlimmsten Arten der Schwarzen Magie möglich. Je weniger wir davon reden, desto besser.

Wir sehen also, dass der Mensch in den aufeinanderfolgenden Stadien des Aufstiegs vom Erdenleben zur Himmelswelt nicht weniger als drei Leichname zurücklässt und der langsamen Auflösung überantwortet – den dichten physischen Körper, das ätherische Gegenstück und die astrale Hülle. Diese lösen sich alle in ihre einzelnen Bestandteile auf, und deren Stoff wird auf den betreffenden Ebenen von der wunderbaren Chemie der Natur wieder aufs Neue verwendet.

f) *Die künstlich belebten Schalen.* Diese Art Wesen sollte genau genommen eigentlich nicht unter die Klasse der menschlichen eingereiht werden, da sie nur die äußere Hülle, die passive, gefühllose Schale ist, die einst zur Ausrüstung des Menschen gehörte. Das Leben, die Intelligenz und die Triebe, die eine solche Wesenheit besitzen mag, sind jene des künstlichen Elementals, das sie belebt. Das aber ist, obgleich es schrecklicherweise in Wahrheit ein Geschöpf der bösen Gedanken von Menschen bildet, selbst nicht von menschlicher Natur. Es wird deshalb besser sein, sie eingehender bei den künstlichen Wesenheiten zu besprechen, da ihre Natur und Entstehungsweise leichter verständlich sein werden, wenn wir bei diesem Teil unseres Gegenstandes angelangt sind.

Es möge daher genügen zu erwähnen, dass diese Art Schale stets ein übel wollendes Wesen ist – ein wahrer Dämon der Versuchung, dessen schlimmer Einfluss nur durch den Umfang seiner Kraft begrenzt wird. Gleich dem Schatten, wird sie häufig benutzt, um Zwecken der Voodoo- und Obeah-Formen der Magie zu dienen. Manche Schriftsteller haben sie unter dem Namen »Elementarwesen« beschrieben; da aber diese Bezeichnung in verschiedenen Zeiten auf fast jede Art von Wesenheiten, die nach dem Tode auftreten, angewandt worden ist, so ist sie so vage und bedeutungslos geworden, dass es wohl besser ist, diese Bezeichnung zu vermeiden.

g) *Die Selbstmörder und die Opfer eines plötzlichen Todes.* Es ist leicht einzusehen, dass ein Mensch, der bei voller Kraft und Gesundheit plötzlich aus dem physischen Leben gerissen wird, ob nun durch einen Unfall oder durch Selbstmord, sich auf der Astralebene in beträchtlich anderen Umständen befinden wird als der, welcher aus Altersschwäche oder aus Krankheit gestorben ist. Bei letzteren hat sich das Band der irdischen Wünsche sicherlich mehr oder weniger gelockert, und wahrscheinlich ist er die allergröbsten Bestandteile seines Astralkörpers schon losgeworden. Er wird sich daher wohl auf der sechsten oder fünften Abteilung der Astralwelt, vielleicht sogar höher befinden. Die Grundteile haben sich auf die Trennung allmählich vorbereitet, und die Erschütterung beim Übergang ist deshalb nicht so groß.

Im Falle des Todes durch Unfall oder Selbstmord haben alle diese Vorbereitungen nicht stattgefunden, und das Herausziehen der höheren Grundteile aus ihrer physischen Behausung ist deshalb sehr passend mit dem Herausreißen des Kernes aus einer unreifen Frucht verglichen worden. Ein großer Teil der gröbsten Astralmaterie haftet noch an der Persönlichkeit, und diese wird deshalb auf der siebten, der niedrigsten Abteilung der Ebene festgehalten. Diese ist, wie schon beschrieben, alles andere als ein angenehmer Aufenthalt; jedoch ist sie es nicht im gleichen Maße für alle, die gezwungen sind, dort eine Zeit lang zu verweilen. Solche Opfer eines plötzlichen Todes, deren Erdenleben rein und edel gewesen ist, haben keine Verwandtschaft zu diesem Niveau, und sie verbringen die Zeit ihres Aufenthaltes dort, um eine ältere Belehrung über dieses Thema zu zitieren, entweder in »glücklicher Unwissenheit und völligem Vergessen, oder in dem Zustand eines ruhigen Schlummers voll rosiger Träume«.

Andernfalls jedoch, wenn der Menschen Erdenleben niedrig und brutal war, selbstsüchtig und sinnlich, dann werden diese, gleich den Selbstmördern, in dieser wenig wünschenswerten Region im vollen Maße ihr Bewusstsein besitzen und sich möglicherweise zu schrecklich bösen Wesen entwickeln. Brennend vor Begierden aller Art, die sie nicht mehr direkt befriedigen können, da sie nun keinen physischen Körper mehr besitzen, suchen sie ihren scheußlichen Leidenschaften durch die Stellvertretung eines Mediums oder eines Sensitiven zu frönen, den sie heimsuchen können. Es macht ihnen dann teuflische Freude, alle Arten von Täuschungen anzuwenden, die ihnen die Astralebene an die Hand gibt, um andere zu denselben Exzessen zu verleiten, die sich bei ihnen so verhängnisvoll erwiesen haben.

Um nochmals aus derselben Belehrung zu zitieren: »Dies sind die Incubi und Succubi der mittelalterlichen Schriftsteller, Dämonen des Durstes und der Gefräßigkeit, der Wollust und des Geizes – Dämonen von unglaublicher List, Ruchlosigkeit und Grausamkeit, die ihre Opfer zu schrecklichen Verbrechen anstiften und in solchem Tun schwelgen.« – Von dieser und der folgenden letzten Klasse stammen die Versucher – die Teufel der theologischen Literatur. Ihre Macht versagt aber vollständig, wenn das Gemüt und das Streben rein sind. Sie können einem Menschen nichts anhaben, wenn er nicht zunächst selbst schon den Lastern nachgegeben hat, zu denen sie ihn zu verführen suchen.

Wer mit psychischem Schauen begabt ist, kann oft beobachten, wie Scharen dieser unglücklichen Geschöpfe sich um Schlachterläden, Kneipen und andere noch unreinere Orte drängen, wo die groben Erregungen zu finden sind, an denen sie ihre Freude haben, und wo sie noch lebende Menschen antreffen, die gleichen Sinnes sind wie sie. Für solch ein Wesen ist es wirklich ein schreckliches Unglück, ein Medium zu finden, mit dem es gleich gestimmt ist; nicht nur wird es ihm dadurch möglich, sein schreckliches astrales Leben enorm zu verlängern, sondern es wird dadurch auch für unbestimmbar lange Zeit seine Fähigkeit erneuert, böses Karma zu schaffen. Hierdurch bereitet es für sich selbst eine zukünftige Wiederverkörperung niedrigster Art vor und riskiert daneben noch, einen großen Teil der intellektuellen Kraft, die es etwa besitzen mag, zu verlieren. Ist es so glücklich, *keinen* Sensitiven zu finden, durch dessen Stellvertretung es seine Leidenschaft befriedigen kann, dann verlöschen allmählich die unerfüllten Wünsche und Begierden, und durch die Leiden, die dieser Prozess hervorruft, wird wahrscheinlich ein guter Teil des bösen Karmas des vergangenen Lebens abbezahlt.

Die Lage des Selbstmörders wird dadurch noch schwieriger, dass seine übereilte Tat die Fähigkeit des höheren Egos, seinen niederen Teil in sich zurückzuziehen, beträchtlich verringert und er dadurch mannigfaltigen und zusätzlichen großen Gefahren ausgesetzt ist. Im Auge behalten muss man jedoch, dass die Schwere der Schuld des Selbstmörders, je nach den Umständen, sehr verschieden ist, von der moralisch untadelhaften Tat eines Seneca oder Sokrates durch alle Grade hindurch bis zu dem abscheulichen Verbrechen des Nichtswürdigen, der sich sein Leben nimmt, um sich den bösen Folgen seiner Untaten zu entziehen. Selbstverständlich ändert sich dann auch ihre Lage dementsprechend.

Zu erwähnen wäre, dass diese Klasse, ebenso wie die Schatten und die wiederbelebten Schalen, alle als Vampire, wenn auch schwächerer Art, bezeichnet werden können. Das will sagen, sobald sie die Gelegenheit haben, verlängern sie dadurch ihr Dasein, dass sie menschlichen Wesen, auf die sie Einfluss zu gewinnen imstande sind, ihre Lebenskraft entziehen. Das ist der Grund, weshalb sowohl das Medium als auch die Beisitzer nach einer Sitzung mit physischen Erscheinungen oft so schwach und erschöpft sind. Ein Schüler der Esoterischen Philosophie lernt, wie er sich gegen die Einflüsse dieser Wesen zu wehren hat; aber ohne diese Kenntnis ist es für den, der ihnen in den Weg tritt, schwer zu vermeiden, dass ein mehr oder minder großer Energieanteil von ihm abgezogen wird.

h) *Vampire und Werwölfe.* Es bleiben jetzt nur zwei noch schrecklichere, aber glücklicherweise sehr seltene Möglichkeiten zu erwähnen, bevor dieser Teil unseres Gegenstandes erledigt ist. Obgleich sie sich in verschiedener Hinsicht sehr weit voneinander unterscheiden, so können wir sie doch zusammenfassen, da sie die Eigentümlichkeit teilen, furchtbare Schreckensgestalten und zugleich von außerordentlicher Seltenheit zu sein. Letzteres rührt daher, dass sie Erbstücke früherer Menschheiten sind – grässliche Anachronismen, gräuliche Überbleibsel einer Zeit, in der die Menschen und ihre Umgebung sich von der jetzigen in vielfacher Weise unterschieden.

Unsere Menschheit sollte sich weitgehend über die Möglichkeit hinaus entwickelt haben, ein so grauenhaftes Schicksal zu erleiden, wie die beiden Überschriften dieser Unterabteilung es andeuten, und es ist dies auch beinah so vollständig erreicht, dass diese Geschöpfe gewöhnlich nur als mittelalterliche Fabelwesen angesehen werden. Dennoch treten tatsächlich selbst heute noch gelegentlich solche Geschöpfe auf.[2] Darauf bezügliche Erzählungen im Volksgut sind wahrscheinlich oft sehr übertrieben, aber immerhin liegt den unheimlichen Geschichten, die unter den Bauern Osteuropas von Mund zu Mund gehen, ein Kern schrecklicher Wahrheit zugrunde. Der allgemeine Grundzug solcher Erzählungen ist zu bekannt, um mehr als einer flüchtigen Erwähnung zu bedürfen. Eine recht typische Vampir-Geschichte, wenn auch nach eigenem Bekenntnis nichts anders als eine rein erfundene, ist Sheridan le Fanu's »Carmilla«, während ein sehr bemerkenswerter Bericht über eine ungewöhnliche Form dieser Wesen sich auch in »Isis entschleiert« befindet. Wer mit der theosophischen Literatur vertraut ist, weiß, dass ein Mensch ein so absolut unwürdiges und selbstsüchtiges, so äußerst ruchloses und brutales Leben führen kann, dass sein gesamter niederer Verstand vollständig mit seinen Begierden verstrickt ist und sich schließlich von seiner spirituellen Urquelle im höheren Ego trennt. Manche Forscher scheinen sogar angenommen zu haben, dass solches Vorkommen häufig auftritt und wir Scharen solcher »seelenloser Menschen«, wie sie genannt worden sind, jeden Tag in den Straßen begegnen könnten. Dies ist aber glücklicherweise nicht richtig. Um jene grauenhafte Stufe des Bösen zu erreichen, die den vollständigen Verlust der Persönlichkeit und die Schwächung der sich entwickelnden Individualität beinhaltet, muss der Mensch schon jeden Funken von Selbstlosigkeit oder Spiritualität erstickt haben und keiner wie immer gearteten rettenden Regung mehr fähig sein. Wenn wir daran denken, wie oft selbst bei den schlechtesten Schurken sich wenigstens ein etwas besserer Charakterzug findet, dann werden wir einsehen, dass solche verlorene Persönlichkeiten stets nur eine extrem kleine Minorität

---

2 Hier zeigt sich, dass in den Harry Potter-Büchern mehr geistiges Wissen enthalten ist, als manche Leser erahnen. (Anm. d. Hrsg.)

bilden können. Aber so verhältnismäßig wenige ihrer auch sein mögen, es gibt solche, und aus ihrer Reihe stammen die noch selteneren Vampire.

Das verlorene Wesen würde es sehr bald nach dem Tod unmöglich finden, sich in der Astralwelt zu halten, und es würde unwiderstehlich bei vollem Bewusstsein dahin gezogen werden, »wo es hingehört«, in die mysteriöse „achte Sphäre", um dort nach Erlebnissen, die besser ungeschildert bleiben, langsam zu zerfallen. Wenn es jedoch durch Selbstmord oder durch einen plötzlichen Tod umkommt, dann kann es unter gewissen Umständen, besonders wenn es einige Kenntnisse in der Schwarzen Magie besitzt, dieses schreckliche Schicksal hinausschieben, und zwar durch lebendigen Tod, der kaum weniger schrecklich ist – durch die grauenhafte Existenz als Vampir. Da die „achte Sphäre" erst nach dem Tode seines Körpers Anspruch auf ihn erheben kann, so erhält er ihn in einer Art kataleptischen Trance-Zustand durch das grauenhafte Mittel, ihm durch Transfusion Blut zuzuführen, das er anderen menschlichen Wesen in seinem halbmaterialisierten Astralkörper entzieht, und er schiebt so durch Massenmord sein schließliches Schicksal hinaus. Wie der volkstümliche »Aberglaube« wieder einmal richtig annimmt, ist es in einem solchen Fall die leichteste und wirkungsvollste Gegenmaßregel, den Körper auszugraben und zu verbrennen und diesem Geschöpf so seinen Ausgangspunkt zu entziehen. Wenn das Grab geöffnet wird, dann erscheint der Körper gewöhnlich ganz frisch und gesund, und der Sarg ist nicht selten mit Blut gefüllt. In Ländern, wo die Sitte der Leichenverbrennung herrscht, ist diese Art Vampirismus natürlich unmöglich.

Der Werwolf, ein ebenso schreckliches Geschöpf, ist das Ergebnis eines etwas anderen Karmas, und er hätte eigentlich in der ersten, anstatt in der zweiten Abteilung menschlicher Bewohner dieser Ebene seinen Platz finden sollen, da ein Mensch stets schon während seines Lebens anfängt, in dieser Form sein

Unwesen zu treiben. Hierzu sind unweigerlich einige Kenntnisse in magischen Künsten nötig, jedenfalls so viel, um seinen Astralkörper austreten lassen zu können.

Wenn ein vollkommen grausamer, brutaler Mensch dies tut, dann sind manchmal Umstände vorhanden, unter denen ein anderes Astralwesen Besitz von dem Astralkörper nehmen und ihn materialisieren kann, aber nicht in eine menschliche Form, sondern in die irgendeines wilden Tieres – gewöhnlich eines Wolfes. In diesem Zustand durchjagt er dann die Umgegend, tötet andere Tiere und selbst Menschen, und befriedigt dadurch nicht nur seine eigene Blutgier, sondern auch die des teuflischen Wesens, das ihn dazu antreibt.

In diesem Fall, wie bei den gewöhnlichen Materialisationen, überträgt sich jede Wunde, die etwa dieser tierischen Form beigebracht wird, durch den seltsamen Vorgang der Reperkussion auf den physischen menschlichen Körper, obgleich nach dem Tode dieses physischen Körpers der astrale (der wahrscheinlich fortfahren wird, in derselben Form zu erscheinen) weniger verwundbar sein wird. Das Wesen wird dann aber auch weniger gefährlich sein, da es sich nicht vollkommen materialisieren kann, falls es nicht ein passendes Medium findet. Bei solchen Manifestationen beteiligt sich wahrscheinlich ein großer Teil der Materie des Ätherkörpers, und vielleicht wird sogar auch von den gasförmigen und flüssigen Bestandteilen des physischen Körpers ein Teil dafür herangezogen, wie in manchen spiritistischen Materialisationen. In beiden Fällen scheint dieser fluidische Körper sich viel weiter von dem physischen entfernen zu können, als es sonst, so weit bis jetzt bekannt, einem Körper möglich ist, der zumindest eine gewisse Menge Äthermaterie enthält.

Es ist in unserer Zeit Mode geworden, über das zu spotten, was man einen törichten Aberglauben des unwissenden Landvolkes nennt; aber wie in den obigen Fällen, so in vielen anderen, findet der Esoteriker bei sorgfältiger Prüfung, dass hinter dem, was auf den ersten Blick der reine Unsinn zu sein scheint, sich tiefe und in Vergessenheit geratene Naturwahrheiten verbergen. Er lernt daraus, sowohl im Ablehnen als auch im Annehmen vorsichtig zu sein.

Wer die Astralebene zu erforschen unternimmt, hat wenig zu fürchten, diesen sehr unangenehmen Geschöpfen zu begegnen, denn wie schon bemerkt, kommen sie selbst jetzt schon außerordentlich selten vor, und im Laufe der Zeit wird ihre Zahl glücklicherweise immer weiter abnehmen. Jedenfalls ist ihre Tätigkeit gewöhnlich auf den Bereich in der unmittelbaren Nähe ihres physischen Körpers beschränkt, wie es ja auch bei ihrer außerordentlich materiellen Natur anzunehmen ist.

i) *Schwarze Magier und ihre Schüler.* Diese Personen entsprechen auf der entgegengesetzten Seite der Stufenleiter unserer zweiten Klasse abgeschiedener Wesen, den Schülern, die auf ihre Wiederverkörperung warten, nur dass diese Klasse, anstatt die Erlaubnis zu haben, eine ungewöhnliche Methode des Fortschritts sich zunutzen zu machen, sich bemüht, den natürlichen Fortgang der Entwicklung aufzuhalten und sich durch magische Künste, manchmal der schrecklichsten Art, auf der Astralebene zu behaupten.

Man könnte leicht verschiedene Unterabteilungen dieser Klasse aufstellen, je nach ihren Zielen, ihren Methoden oder der möglichen Dauer ihres Lebens auf dieser Ebene. Da sie aber keineswegs faszinierende Studienobjekte sind und alles, was ein Schüler der Esoterischen Philosophie von ihnen zu wissen begehrt, die Art und Weise ist, wie er ihnen aus dem Wege gehen kann, so wird es wohl interessanter sein, zu der Untersuchung eines anderen Teils unseres Gegenstandes überzugehen. Es mag jedoch noch erwähnt werden, dass jedes solche menschliche Wesen, das sein Leben auf der Astralebene so über seine natürlichen Grenzen hinaus verlängert, dieses stets auf Kosten des Lebens anderer tut, denen es in der einen oder anderen Form Lebenskraft entzieht.

3. Die nicht-menschlichen Wesen

Obgleich uns ein auch nur oberflächlicher Blick belehren könnte, dass viele von den irdischen Naturgebilden, mit denen wir in nahe Berührung kommen, nicht ausschließlich zu unserem Wohlbehagen oder auch nur zu unserem Vorteil geschaffen wurden, so war es doch wohl unvermeidlich, dass die menschliche Rasse, wenigstens in ihrer Kindheit, sich einbildete, diese Welt und alles in ihr existiere allein zu ihrem Nutzen und Gewinn. Mittlerweile sollten wir aber entschieden dieser kindlichen Täuschung entwachsen sein und uns unsere eigentliche Stellung und die Pflichten, welche aus dieser erwachsen, klar gemacht haben.

Dass viele das noch nicht getan haben, zeigt sich in der verschiedensten Weise in unserem täglichen Leben – besonders in den abscheulichen Grausamkeiten, die unter dem Namen Sport ganz gewohnheitsgemäß gegen zahlreiche Tiere ausgeübt werden, und zwar von Menschen, die sich selbst wahrscheinlich für hoch zivilisiert halten. Schon der erste Anfänger in der uralten Wissenschaft der Esoterik weiß natürlich, dass alles Leben heilig ist und es ohne universelles Mitgefühl keinen Fortschritt gibt; aber erst auf einer späteren Stufe seiner Studien entdeckt er, wie vielseitig das Bild der Entwicklung ist und wie verhältnismäßig klein der Raum, den die Menschheit in der Ökonomie der Natur einnimmt.

Es wird ihm klar, dass geradeso wie die Erde, die Luft und das Wasser Myriaden von Lebensformen bergen, die für das gewöhnliche Auge unsichtbar sind, uns aber vom Mikroskop enthüllt werden, auch die höheren Ebenen, die mit unserer Erde in Verbindung stehen, eine ebenso dichte Bevölkerung besitzen, deren Existenz wir uns gewöhnlich in keiner Weise bewusst werden. Wenn seine Kenntnisse zunehmen, dann wird es ihm immer mehr zur Gewissheit, dass in der einen oder anderen Weise jede Möglichkeit der Entwicklung ausgenutzt wird, und wenn scheinbar in der Natur Kräfte vergeudet oder Gelegenheiten ungenutzt gelassen werden, dass der Fehler dann nicht der des Weltenplanes ist, sondern unser Mangel an Kenntnis seiner Methode und Absicht.

Für den Zweck unserer gegenwärtigen Betrachtung der nicht-menschlichen Bewohner der Astralebene wird es am besten sein, jene frühen Formen universellen Lebens ganz aus dem Spiel zu lassen, die sich in einer Weise, von der wir uns nur eine schwache Vorstellung machen können, durch aufeinanderfolgende Einhüllung in Atome, Moleküle und Zellen entwickeln. Schon wenn wir als das Niedrigste, mit dem wir anfangen, die sogenannten Elementalreiche nehmen, so werden wir unter dieser Gesamtbezeichnung eine enorme Anzahl Astralbewohner zusammenzufassen haben, die wir nur sehr flüchtig behandeln können. Wollten wir sie irgendwie eingehend beschreiben, so würde dieses kleine Handbuch zu dem Umfang einer Enzyklopädie anwachsen.

Die geeignetste Methode, die nicht-menschlichen Wesen zu gruppieren, wird wohl sein, sie in vier Klassen zu unterteilen. Es muss dabei aber bemerkt werden, dass diesmal eine Klasse nicht, wie im vorigen Abschnitt, eine verhältnismäßig kleine Gruppe darstellt, sondern ein großes Reich der Natur, wenigstens so umfangreich und verschiedenartig wie etwa das Tier- oder das Pflanzenreich. Diese Klassen rangieren teils tiefer als die Menschheit, teils sind sie ihnen gleich und teils sind sie uns an Güte und Macht weit überlegen. Einige gehören zu unserem Entwicklungsschema – das will sagen, sie sind entweder einmal Menschen wie wir gewesen oder werden es einst werden, andere entwickeln sich auf ganz anderen Linien als wir.

Bevor wir dazu übergehen, sie näher zu betrachten, muss, um dem Vorwurf der Unvollständigkeit zu entgehen, bemerkt werden, dass bei diesem Teil des Gegenstandes zwei Vorbehalte zu machen sind. Erstens wird nichts über die gelegentliche Erscheinung sehr hoher Adepten von anderen Planeten unseres Sonnensystems oder selbst noch erhabenerer Besucher aus noch größerer Entfernung gesagt, da solche Vorkommnisse nicht gut in einem Essay für einen allgemeinen Leserkreis behandelt werden können; und außerdem ist es praktisch unvorstellbar, wenn auch natürlich theoretisch möglich, dass solche erhabenen Wesen es jemals nötig haben sollten, sich auf einer so niedrigen Ebene wie der astralen zu manifestieren. Wenn sie aus irgendeinem Grunde jedoch solche Absicht hätten, so würden sie zeitweilig einen zu dem Zweck passenden Körper aus der Astralmaterie unseres Planeten schaffen, gerade wie es der oben erwähnte *Nirmanakaya* tut.

Zweitens gibt es, ganz außerhalb der vier Klassen, in die wir diesen Abschnitt geteilt haben, und ganz ohne Zusammenhang mit ihnen, noch zwei andere große Entwicklungsreihen, welche zurzeit unseren Planeten zugleich mit der Menschheit benutzen. Etwas Näheres über sie mitzuteilen, ist im gegenwärtigen Zeitpunkt aber untersagt, da es, wie es scheint, nicht beabsichtigt ist, dass sie unter gewöhnlichen Umständen sich des Daseins der Menschen bewusst werden, noch die Menschen des ihrigen. Wenn wir je mit ihnen in Berührung kommen sollten, dann würde es wahrscheinlich auf der rein physischen Ebene sein, denn jedenfalls ist ihre Beziehung zu unserer Astralebene nur ganz gering, da die einzige Möglichkeit für sie, dort zu erscheinen, von einem außerordentlich unwahrscheinlichen Zwischenfall bei

einem Akt zeremonieller Magie, die auszuführen glücklicherweise nur einige wenige der fortgeschrittenen Schwarzmagier
verstehen, abhängt. Immerhin hat sich wenigstens einmal dieser Fall ereignet, so dass wir sie mit in unsere Liste aufnehmen
müssten, wäre es nicht, wie erwähnt, verboten.

1. Die Elementalessenz, die zu unserer eigenen Entwicklung gehört

Gerade wie der Name Elementarwesen von verschiedenen
Schriftstellern ohne Unterschied auf jeden möglichen Zustand
des Menschen nach dem Tod angewandt worden ist, so hat man
auch mit dem Wort Elemental zu verschiedenen Zeiten alle
nicht-menschlichen Geister bezeichnet, von den göttlichsten Devas herunter durch die Reihe der verschiedensten Arten von Naturgeistern hindurch bis zu der formlosen Essenz, welche die Reiche hinter dem Mineralreich durchdringt, so dass der Schüler,
wenn er verschiedene Bücher darüber gelesen hat, durch die sich
widersprechenden Angaben und Bezeichnungen vollständig verwirrt wird. Man möge sich deshalb merken, dass in dieser Abhandlung der Name Elementalessenz nur auf die monadische
Essenz während gewisser Stufen ihrer Entwicklung angewandt
wird, und diese monadische Essenz ihrerseits kann als die Ausströmung von Geist oder göttlicher Kraft in die Materie definiert
werden.

Wir sind alle mit der Auffassung vertraut, dass dieser Kraft-
strom, bevor er die Stufe der Individualisation erreicht und den
Menschen beseelt, sechs niedrigere Phasen der Entwicklung
durchschritten und jede ihrerseits beseelt hat – das Tier-, das
Pflanzen-, das Mineralreich und drei Elementalreiche. Während
der Zeit, da er diese betreffenden Stufen mit Kraft erfüllt, hat
man ihn manchmal die Tier-, Pflanzen- oder Mineral-Monade

genannt; aber diese Bezeichnung ist entschieden irreführend, denn lange bevor der Strom bei einem dieser Reiche anlangte, ist er nicht mehr eine Monade, sondern er ist zu *vielen* Monaden geworden. Die Bezeichnung war nur gewählt, um darauf hinzudeuten, dass die Differenzierung der monadischen Essenz, obwohl sie schon lange ihren Anfang genommen hatte, doch noch nicht zur völligen Individualisierung gelangt war.

Wenn diese monadische Essenz in den drei großen Elementalreichen, die dem Mineralreich vorausgehen, ihre Kraft ausströmt, wird sie mit dem Namen »Elementalessenz« bezeichnet. Bevor wir jedoch ihre Natur und die Methode, wie sie sich betätigt, verstehen können, müssen wir uns erst über die Art und Weise klar werden, in welcher der Geist sich bei seinem Abstieg in die Materie entfaltet.

Wenn der Geist, der sich auf irgendeiner Ebene, einerlei welcher (nennen wir sie Ebene Nr. 1), befindet, den Entschluss fasst, auf die nächstniedrige (nennen wir sie Ebene Nr. 2) herabzusteigen, so muss er sich in die Materie dieser Ebene einhüllen – das will sagen, er muss einen Schleier aus dem Stoff dieser Ebene Nr. 2 um sich ziehen. In ähnlicher Weise muss er, wenn er weiter zur Ebene Nr. 3 herabsteigt, sich in Materie dieser Ebene Nr. 3 hüllen. Wir würden dann, sagen wir, ein Atom haben, dessen Körper oder äußere Verkleidung aus Materie der Ebene Nr. 3 besteht; die Kraft, die es mit Energie versieht – seine Seele sozusagen –, wird dann aber nicht Geist in dem Zustand sein, wie er auf der Ebene Nr. 1 war, sondern er wird diese göttliche Kraft *plus* dem Schleier aus dem Stoff der Ebene Nr. 2 sein. Bei einem weiteren Abstieg zur Ebene Nr. 4 wird das Atom noch komplizierter, denn es besitzt dann einen Körper aus Materie Nr. 4 und wird durch Geist beseelt, der schon in zwei Schleier aus Stoff der Ebene Nr. 2 und 3 gehüllt ist. Da sich dieser Prozess auf jeder Unterebene jeder Ebene des Sonnensystems wiederholt, so ist klar, dass die ursprüngliche Energie, wenn sie unsere physische

Region erreicht, so gründlich verschleiert ist, dass es uns nicht verwundern kann, wenn die Menschen sie oft überhaupt nicht mehr als Geist erkennen können.

Nun wollen wir annehmen, dass die monadische Essenz diesen Vorgang der Einhüllung bis auf das Atom-Niveau der Mentalebene durchgeführt hat und sie, anstatt durch die verschiedenen Abteilungen dieser Ebene herabzusteigen, direkt zur Astralebene herabtaucht und einen Körper aus Astralatomen um sich zieht und diesen beseelt. Ein solches Gebilde würde die Elementalessenz der Astralebene sein und gehört dann zu dem dritten der großen Elementalreiche, zu dem, das dem Mineralreich unmittelbar vorausgeht. Im Zuge ihrer zweitausendvierhundert Differenzierungen auf der Astralebene zieht die Elementaressenz viele verschiedenartige Kombinationen der Materie ihrer verschiedenen Unterebenen an sich, doch sind diese nur von zeitweiliger Dauer. Dem Wesen nach bilden sie ein Reich, dessen wesentlicher Charakter darin besteht, dass es monadische Essenz ist, die sich nur bis zur Atomstufe herab involviert hat, sich aber vermittelst atomarer Materie der Astralebene manifestiert.

Die beiden höheren Elementalreiche leben und wirken je auf dem höheren und dem niederen Teil der Mentalebene; aber wir haben es hier nicht mit diesen zu tun.

Wenn man, wie es oft geschieht, im Zusammenhang mit der Gruppe, die wir jetzt betrachten, von *einem* Elemental spricht, so ist das etwas irreführend, denn genau genommen gibt es dergleichen gar nicht. Das, was wir vorfinden, ist eine unermessliche Menge Elementalessenz, die wunderbar empfänglich für den leisesten Gedanken der Menschen ist und mit unvorstellbarer Empfindlichkeit in dem winzigsten Bruchteil einer Sekunde auf jede Schwingung reagiert, die selbst durch eine ganz unbewusste Regung des Willens oder des Wunsches eines Menschen in ihr erzeugt wird.

Aber in dem Augenblick, da sie durch den Einfluss eines solchen Gedankens oder einer solchen Regung des Willens zu einem lebenden Kraftwesen gestaltet wird, zu etwas, das wirklich als ein Elemental bezeichnet werden kann – hört es auf, zu der Kategorie zu gehören, die wir jetzt betrachten, und es reiht sich in die Klasse der künstlichen Wesen ein. Jedoch ist auch in diesem Fall sein Sonderdasein gewöhnlich nur von schnell vorübergehender Dauer, und sobald der Antrieb zum Dasein sich ausgewirkt hat, sinkt es in die undifferenzierte Masse der besonderen Art Elementalessenz zurück, aus der es heraustrat.

Es würde ermüdend sein, alle diese Arten der Reihe nach aufzuzählen, und selbst wenn wir eine solche Liste aufstellen, würde sie unverständlich sein; sie hätte nur Wert für den praktischen Forscher, der die Arten einzeln aufrufen und sie vergleichen kann. Einige Grundgedanken der Klasseneinteilung sind jedoch ohne große Schwierigkeiten verständlich zu machen und wohl auch ganz interessant.

Zunächst kommt die allgemeine Einteilung, die den Elementalen ihre Namen gegeben hat, die Gruppierung nach der Gattung der Materie, die sie bewohnen. Auch hier zeigt sich wieder der bekannte siebenfältige Charakter unserer Entwicklung, denn es gibt sieben solcher Gruppen, die zu den sieben Zuständen der physischen Materie in Beziehung stehen – zu »Erde, Wasser, Luft und Feuer«, oder um die mittelalterliche Symbolik in moderne, schärfere Ausdrucksweise zu übersetzen, zum festen, flüssigen, gasförmigen Aggregatzustand und den vier ätherischen Zuständen.

Lange Zeit war es üblich, die Ignoranz der mittelalterlichen Alchemisten zu bemitleiden und zu bespötteln, weil sie Substanzen als »Elemente« bezeichneten, die nach den Entdeckungen der neueren Chemie zusammengesetzte Körper sind; aber wenn wir sie so leichthin belächelten, so taten wir ihnen großes Unrecht, denn ihre Kenntnisse über diese Dinge waren in Wirklichkeit nicht beschränkter als unsere. Ob sie nun alle jene Substanzen, die wir jetzt Elemente nennen, kannten oder nicht, jedenfalls bezeichneten sie sie nicht so, denn ihre geistigen Studien hatten sie belehrt, dass es in diesem Sinne des Wortes nur ein Element gibt, aus dem diese und alle anderen Gestaltungen der Materie sich ableiten.

Tatsache ist, dass die Analyse unserer bespöttelten Vorväter in diesem besonderen Fall mehrere Grade tiefer ging als unsere. Sie erkannten den Äther und konnten ihn beobachten, während die moderne Wissenschaft ihn nur als notwendige Hypothese für ihre Theorien voraussetzt. Es war ihnen bekannt, dass er aus physischer Materie in vier deutlich verschiedenen Aggregatzuständen jenseits des gasförmigen besteht – eine Tatsache, die noch nicht wiederentdeckt worden ist. Sie wussten, dass alle physischen Dinge aus Materie des einen oder des anderen der sieben Aggregatzustände bestehen und in jedem organischen Körper alle sieben mehr oder weniger vertreten sind. Daher sprachen sie immer von feurigen und wässrigen Körpersäften oder »Elementen«, was uns heute so grotesk klingt. Es ist wahrscheinlich, dass sie dieses Wort einfach als gleichbedeutend mit »Bestandteil« gebrauchten, ohne im Mindesten damit die Idee einer Substanz verbinden zu wollen, die sich nicht weiter teilen lässt. Sie wussten auch, dass jede dieser Stoffkategorien je einer großen Klasse sich entwickelnder monadischer Essenz als Grundlage der Manifestation dient, und so nannten sie diese Essenz »Elementalessenz«.

Was wir uns also klar zu machen haben, ist, dass in jedem Partikel fester Materie, solange es in diesem Zustand verharrt, sich ein »Erd-Elemental« aufhält, um die pittoreske Ausdrucksweise der mittelalterlichen Gelehrten zu gebrauchen. Damit ist eine gewisse Menge ihm entsprechender lebender Elementalessenz gemeint, während ebenso in jedem kleinen Teilchen flüssiger, gasförmiger oder ätherischer Materie ein Wasser-, Luft- oder Feuer-»Elemental« wohnt.

Man wird bemerken, dass diese erste grobe Einteilung des dritten der Elementalreiche sozusagen eine horizontale ist – das will sagen, die Klassen bilden Stufen, von denen jede etwas weniger grob materiell ist als die nächstniedrigere, die in fast unmerkbaren Graden in sie übergeht, und man kann sich deshalb leicht vorstellen, wie jede dieser Klassen wieder in sieben Grade eingeteilt werden kann, da es bei den festen, flüssigen und gasförmigen Körpern offensichtlich viele Grade der Dichtigkeit gibt.

Nun gibt es aber noch eine weitere Einteilung, die wir uns durch senkrechte Linien markiert denken können, und diese ist etwas schwieriger zu verstehen, besonders da bei eingehenderer Darstellung einige Tatsachen berührt werden würden, über welche die Wissenden stets große Zurückhaltung bewahren. Vielleicht wird das, was über diesen Gegenstand bekannt ist, am klarsten, wenn wir sagen, dass in jeder der horizontal abgeteilten Klassen und Unterklassen sieben vollkommen verschiedene Arten von Elementalen zu finden sind, deren Verschiedenheit aber nicht in der Dichtigkeit der Materie, sondern vielmehr in ihrem Charakter und in ihren Neigungen liegt.

Jeder dieser Typen wirkt in der Weise auf die anderen ein, dass, wenn es ihnen auch unmöglich ist, ihre Essenz gegeneinander auszutauschen, sich doch in jedem dieser Typen sieben Untertypen nachweisen lassen, die sich durch die Färbung unterscheiden, welche ihre ursprüngliche Eigenart durch die Beeinflussung der anderen erfahren hat. Es ist sofort erkenntlich, dass diese senkrechten Teilungen und Unterteilungen sich dadurch vollständig von den horizontalen unterscheiden, dass sie viel dauernder und grundlegender sind; denn während die Entwicklung des Elementalreiches darin besteht, dass es mit fast unendlicher Langsamkeit alle seine horizontalen Klassen und Unterklassen nacheinander durchschreitet, so dass es der Reihe nach zu jeder derselben gehört, so ist dies hinsichtlich der Typen und Untertypen nicht so, diese bleiben auf dem ganzen langen Weg stets dieselben.

Ein Punkt, den man nicht aus den Augen lassen darf, wenn man die Entwicklung der Elementale verstehen lernen will, ist, dass sie in der Richtung des herabsteigenden Teiles stattfindet, wie man sich manchmal ausdrückt. Das will sagen, sie schreitet in Richtung auf die vollkommene Verstrickung in die Materie fort, wie wir sie im Mineralreich vollendet sehen, während sich sonst die Entwicklung, wo wir sie beobachten können, meistens aus dieser Verstrickung herausarbeitet. Fortschritt heißt hier also Abstieg in die Materie, anstatt Aufstieg zu höheren Ebenen, und diese Tatsache gibt ihm in unseren Augen ein sonderbar »verkehrtes« Aussehen, bis wir Ziel und Zweck vollständig durchschaut haben. Wenn der Geistesforscher sich dies nicht fortwährend klar vor Augen hält, wird er immer wieder durch unverständliche Anomalien verwirrt werden.

Trotz dieser mannigfaltigen Klassen und Abteilungen sind doch gewisse Eigenschaften allen verschiedenen Arten dieser seltsamen lebenden Essenz gemeinsam; aber selbst diese Eigenschaften sind so verschieden von allem, womit wir auf der physischen Ebene vertraut sind, dass es sehr schwierig ist, sie jemandem zu erklären, der sie nicht selbst in Tätigkeit sehen kann.

Vorausgeschickt sei, dass, wenn ein Teil dieser Essenz für wenige Augenblicke von äußeren Antrieben ganz unbeeinflusst bleibt (ein Zustand übrigens, der wohl kaum je eintritt), er absolut keine eigene Gestalt zeigt, obgleich er sich dennoch in fortwährender schnellster Bewegung befindet. Bei der leisesten Störung jedoch, vielleicht infolge eines vorüberziehenden Gedankenstromes, nimmt er plötzlich in verwirrender Überstürzung hastig sich bewegende, stets wechselnde Gestaltungen an, die sich bilden, umherfahren und verschwinden, mit einer Rastlosigkeit wie die Blasen auf der Oberfläche des Wassers, wenn es kocht.

Obgleich diese auftauchenden und rasch wieder verschwindenden Gestalten gewöhnlich mit menschlichen oder anderen lebenden Wesen Ähnlichkeit haben, weisen sie doch ebenso wenig auf das Vorhandensein von getrennten Wesenheiten in der Essenz hin wie die wechselnden und vielgestaltigen Wellen, die ein plötzlicher Windstoß in wenigen Augenblicken auf einem bisher ruhigen Spiegel eines Sees hervorruft. Sie scheinen bloße Spiegelungen aus dem großen Vorratshaus des Astrallichtes zu sein, aber sie entsprechen gewöhnlich in gewissem Maße dem Charakter des Gedankenstroms, der sie ins Dasein ruft, wenn auch fast immer mit irgendeiner grotesken Verzerrung, etwas Abstoßendem oder Unerfreulichem.

Es entsteht hier naturgemäß die Frage, was für eine Intelligenz sich hier bei der Auswahl entsprechender Formen oder bei deren Verzerrung betätigt. Wir haben es hier nicht mit den machtvolleren und länger lebenden künstlichen Elementalen zu tun, die von bestimmten starken Gedanken erschaffen werden, sondern einfach mit dem Ergebnis, das der Strom halbbewusster, unwillkürlicher Gedanken hervorruft, den die Mehrzahl der Menschheit müßig durch ihr Gehirn fluten lässt. Die Intelligenz stammt daher augenscheinlich nicht aus dem Geist des Denkers, und wir können andererseits jedenfalls nicht der Elementalessenz irgendeine Art aufdämmernder mentaler Fähigkeit zutrauen, da ihr Reich noch weiter von der Individualisation entfernt ist als das Mineralreich. Doch besitzt sie eine wunderbare Anpassungsfähigkeit, die der Intelligenz sehr nahe zu kommen scheint, und zweifellos ist diese Eigenschaft die Ursache, dass in einem unserer älteren Bücher diese Elementale als »die halbintelligenten Wesen des Astrallichtes« bezeichnet werden. Wir werden weitere Beweise für diese Fähigkeiten finden, wenn wir zu der Betrachtung der künstlichen Klasse kommen. Wenn wir von einem guten oder einem bösen Elemental lesen, dann muss immer entweder eine künstliche Wesenheit oder eine der vielen Arten von Naturgeistern gemeint sein, denn das Elementalreich als solches kennt den Begriff gut oder böse nicht.

Unzweifelhaft ist es jedoch, dass eine Art Stimmung oder Neigung beinahe alle Abteilungen durchdringt, die bewirkt, dass sie sich gegen die Menschen eher feindlich als freundlich stellen. Jeder Neophyt weiß dies, denn in den meisten Fällen ist es seine erste Erfahrung auf der Astralebene, dass er sich von einer großen Schar proteusartiger Gestalten umgeben findet, die in drohender Gebärde auf ihn eindringen zu wollen scheinen, die sich aber stets zurückziehen oder harmlos zerstreuen, wenn er ihnen energisch entgegentritt. Dieser merkwürdigen Stimmung muss ihr oben erwähntes verzerrtes, unerfreuliches Äußeres zugeschrieben werden, und Schriftsteller des Mittelalters berichten uns, dass die Menschen sich dies selbst zuzuschreiben hätten. In dem Goldenen Zeitalter vor dieser unerquicklichen Gegenwart waren die Menschen im Allgemeinen geistiger und weniger selbstsüchtig veranlagt; und damals waren diese »Elementale« freundlich. Jetzt sind sie es nicht mehr, weil die Menschen wenig Sympathie für andere lebende Wesen empfinden und gleichgültig ihnen gegenüber geworden sind.

Bei der wunderbaren Empfänglichkeit und Reaktionsfähigkeit der Essenz für die leisesten Gedanken, Wünsche und Begierden ist es klar, dass dieses Elementalreich als Ganzes das ist, was das kollektive Denken der Menschen aus ihm macht. Jeder, der einen Augenblick darüber nachdenkt, wie wenig erhebend dieses kollektive Denken in der gegenwärtigen Zeit ist, wird wenig Grund zur Verwunderung darüber finden, dass wir ernten, was wir säen. Diese Essenz, die sich keine eigene Vorstellung machen kann, sondern nur blindlings empfängt und zurückstrahlt, was auf sie ausgestrahlt wird, zeigt im Allgemeinen unfreundliche Eigenschaften.

Ganz zweifellos werden in späteren Zeiten, wenn die Menschheit als Ganzes eine höhere Stufe erklommen hat, auch die Elementalreiche durch die veränderte Denkweise, die stetig auf sie einwirkt, sich mit ändern, und wir werden sie nicht mehr länger als feindlich empfinden, sondern als gelehrig und hilfreich. Dasselbe geschieht, wie uns gesagt wird, dann auch mit dem Tierreich. Wie immer es auch in der Vergangenheit gewesen sein mag, es ist einleuchtend, dass wir in Zukunft einem sehr erträglichen »Goldenen Zeitalter« entgegensehen dürfen, wenn wir eine Zeit herbeiführen können, in der die Mehrzahl der Menschen edel und selbstlos sein wird und die Kräfte der Natur bereitwillig mit ihnen zusammenwirken werden.

Die Tatsache, dass wir imstande sind, die Reiche der Elementale so leicht zu beeinflussen, zeigt uns zugleich, dass wir ihnen gegenüber eine Verantwortung für die Art und Weise haben, wie wir diesen Einfluss betätigen. Wenn wir die Bedingungen bedenken, unter denen sie existieren, ist es augenscheinlich, dass die Wirkung, welche die Gedanken und die Wünsche und Begierden aller intelligenten Geschöpfe, die mit ihnen dieselbe Welt bewohnen, auf sie ausüben, in dem Plan unseres Systems als ein Faktor in ihrer Entwicklung mit berücksichtigt worden sein muss.

Trotz der übereinstimmenden Belehrung durch alle großen Religionen ist die Masse der Menschen noch äußerst unbedachtsam bezüglich ihrer Verantwortlichkeit in der Sphäre des Denkens. Wenn ein Mensch sich schmeicheln kann, dass seine Worte und Taten für andere harmlos gewesen sind, dann glaubt er, alles getan zu haben, was man von ihm verlangen kann, und er ist sich der Tatsache gar nicht bewusst, dass er vielleicht jahrelang einen beengenden und erniedrigenden Einfluss auf die Psyche der Menschen in seiner Umgebung ausgeübt und den Raum um ihn her mit unerfreulichen Geschöpfen seines unsauberen Denkens angefüllt hat. Eine noch ernstere Seite dieser Frage wird sich uns zeigen, wenn wir die künstlichen Elementale besprechen. In Beziehung auf die Essenz wird es aber genügen festzustellen, dass wir unzweifelhaft die Macht haben, ihre Entwicklung zu beschleunigen oder zu verzögern, je nach dem Gebrauch, den wir bewusst oder unbewusst fortwährend von ihr machen.

Es würde ein hoffnungsloser Versuch sein, in den Grenzen einer solchen Abhandlung wie dieser zu erklären, welchen verschiedenen Gebrauch jemand, der in deren Anwendung geschult ist, von den Kräften, die diesen mannigfaltigen Arten elementaler Essenz innewohnen, machen kann. Die große Mehrzahl magischer Zeremonien besteht fast nur in deren Handhabung, entweder direkt durch Anwendung des Willens des Magiers oder durch bestimmte Astralwesen, die er für diesen Zweck beschworen hat.

Mittels dieser Elementalessenz werden fast alle physikalischen Phänomene bei medialen Sitzungen hervorgerufen, und sie ist es ebenfalls, die in den meisten Fällen das Steinewerfen oder Glockenläuten in Spukhäusern bewirkt. Solche Erscheinungen werden entweder durch die unsicheren, plumpen Anstrengungen einer erdgebundenen menschlichen Wesenheit hervorgerufen, um Aufmerksamkeit auf sich zu ziehen, oder durch die schadenfrohen Streiche niedriger Naturgeister, die zu unserer dritten Klasse gehören. Aber nie darf man die Elementalessenz selbst als den Urheber ansehen; sie ist einfach eine schlummernde, latente Kraft, die einer äußeren Einwirkung bedarf, um in Tätigkeit zu treten.

Wenngleich alle Klassen der Essenz die Fähigkeit haben, Bilder des Astrallichts zurückzustrahlen, so ist es doch erwähnenswert, dass es einige Arten gibt, die gewisse Eindrücke sehr viel leichter aufnehmen als andere, die gleichsam besondere Lieblingsformen haben, in welche sie nach einer Störung von selbst wieder zurückfallen, wenn sie nicht energisch gezwungen werden, eine andere anzunehmen. Solche Formen sind um einen Bruchteil weniger vergänglich als die übrigen.

Bevor wir diesen Teil unseres Gegenstandes verlassen, ist es zweckmäßig, den Leser vor einer Gedankenverwirrung zu warnen, in die einige geraten sind, weil sie diese Elementalessenz, die wir hier betrachten, nicht von der monadischen Essenz unterschieden haben, die sich durch das Mineralreich betätigt. Man muss festhalten, dass die monadische Essenz auf einer Stufe ihrer Entwicklung bis zur Menschheit sich durch das Elementalreich, auf einer späteren Stufe durch das Mineralreich manifestiert. Die Tatsache, dass zwei Teile monadischer Essenz auf verschiedenen Entwicklungsstufen zu gleicher Zeit in Tätigkeit sind und eine dieser Manifestationen (das Erd-Elemental) denselben Raum einnimmt wie die andere und diesen bewohnt (sagen wir einen Felsen), stört in keiner Weise die Entwicklung des einen wie des anderen, noch bedeutet es irgendeine Beziehung zwischen den Körpern der in beiden enthaltenen monadischen Essenz. Der Felsen wird außerdem noch durchdrungen von der ihm eigenen Abart des allgegenwärtigen Lebensprinzips, aber diese ist wieder vollständig verschieden von den beiden oben erwähnten Essenzen.

2. Die Astralkörper von Tieren

Diese bilden eine sehr umfangreiche Klasse, doch nimmt sie keine besonders wichtige Stellung auf der Astralebene ein, da ihre Mitglieder gewöhnlich nur sehr kurze Zeit dort verbleiben. Die große Mehrzahl der Tiere hat bis jetzt noch keine dauernde Individualisation erlangt, und wenn eines von ihnen stirbt, fließt die monadische Essenz, die sich in ihm manifestiert hat, wieder zu der besonderen Schicht derselben zurück, von der sie sich zeitweilig abgesondert hatte, und bringt dabei den Fortschritt oder die Erfahrung mit, die sie während dieses Lebens erworben hat. Sie ist jedoch nicht imstande, dies sofort zu tun. Der Astralkörper des Tieres gestaltet sich um, gerade wie der des Menschen, und das Tier hat ein wirkliches astrales Dasein, dessen Länge, die nie sehr groß ist, sich nach dem Entwicklungsgrad seiner Intelligenz richtet. In den meisten Fällen scheint es nur ein traumartiges Bewusstsein zu haben, aber vollkommen glücklich zu sein.

Die verhältnismäßig wenigen Haustiere, die schon Individualität erlangt haben und deshalb nicht mehr als Tiere auf diese Welt zurückkehren, haben ein viel längeres und viel intensiveres Leben auf der Astralebene als ihre weniger fortgeschrittenen Genossen. Sie sinken, wenn diese Phase zu Ende ist, allmählich in einen subjektiven Zustand, der wohl eine sehr beträchtliche Zeit andauern wird. Eine interessante Unterabteilung dieser Klasse besteht aus den Astralkörpern der in der *Geheimlehre* erwähnten Anthropoiden, die schon individualisiert und weit genug sind, sich in der nächsten Evolutions-Runde, oder in einzelnen Fällen sogar vielleicht schon früher, als Menschen zu verkörpern.

3. Naturgeister aller Arten

Es gibt so viele Abteilungen dieser Klasse und so verschieden sind sie, dass man eine eigene Abhandlung über diesen Gegenstand allein schreiben müsste, wenn man ihm nur einigermaßen gerecht werden wollte. Aber einige Eigentümlichkeiten haben sie alle gemein, und es wird genügen, wenn wir versuchen, von diesen wenigstens eine Vorstellung zu vermitteln.

Zunächst haben wir uns klar zu machen, dass wir es hier mit Wesenheiten zu tun haben, die sich von Grund aus von allen bisher betrachteten unterscheiden. Wenn wir auch mit Recht die Elementalessenz und die Astralkörper der Tiere nicht in die Klasse der menschlichen Astralwesen rechnen, so wird sich doch die monadische Essenz, die in diesen wirkt, seinerzeit einmal so weit entwickeln, dass sie sich durch eine zukünftige Menschheit manifestiert, die mit der unseren vergleichbar ist. Wenn wir imstande wären, unsere Entwicklung im Laufe zahlloser Zeitepochen in vergangenen Weltzyklen zu überblicken, dann würden wir sehen, dass das, was wir jetzt selbst sind, auf seinem Aufstieg ähnliche Stufen durchschritten hat.

Dies trifft aber nicht zu bei dem umfassenden Reich der Naturgeister. Sie sind nie Mitglieder eines Menschengeschlechtes wie dem unsrigen gewesen, noch werden sie es je werden. Ihre Linie der Entwicklung verläuft ganz getrennt von der unseren, und ihre einzige Gemeinschaft mit uns besteht darin, dass sie auf demselben Planeten wie wir wohnen. Da wir zeitweilig Nachbarn sind, so schulden wir uns gegenseitig natürlich freundliche Gefühle, wenn wir zufällig zusammentreffen; unsere Linien der Entwicklung unterscheiden sich jedoch so sehr voneinander, dass wir nur wenig füreinander tun können.

Manche Schriftsteller haben diese Geister den Elementalen zugerechnet, und in der Tat sind sie die Elementale (vor allem die Tiere), jedoch einer höheren Entwicklung. Wenn sie auch viel höher entwickelt sind als unsere Elemental-Essenz, so haben sie doch mit dieser manche Eigentümlichkeiten gemein. So sind auch sie in sieben große Klassen geteilt, die in gleicher Weise die sieben Zustände der Materie bewohnen, von denen wir schon erwähnt haben, dass sie von den entsprechenden Arten der Essenz durchdrungen sind. Es gibt, um die zu nennen, die uns am leichtesten verständlich sind, Erd-, Wasser-, Luft- und Feuer- (oder Äther-) Geister – bestimmte intelligente Astralwesen, die in je einem dieser Grade der Materie sich aufhalten und funktionieren.

Man wird vielleicht fragen, wie es möglich ist, dass irgendeine Art Geschöpf die feste Substanz eines Felsens oder eines anderen Teiles der Erdrinde bewohnt. Die Antwort darauf lautet: Da die Naturgeister aus Astralmaterie bestehen, so ist die Substanz des Felsens kein Hindernis für ihre Bewegung oder für ihren Ausblick. Die physische Materie in ihrem festen Zustand ist ihr natürliches Element, das einzige, an das sie gewöhnt sind und in dem sie sich zu Hause fühlen. Dasselbe gilt natürlich für die, welche im Wasser, in der Luft oder im Äther leben.

In der Literatur des Mittelalters werden diese Erdgeister oft Gnomen genannt, die Wassergeister Undinen, die Luftgeister Sylphen und die Äthergeister Salamander. Im Volksmund gibt es viele Namen für sie: Feen, Nixen, Elfen, Heinzelmännchen, Trolle, Satyrn, Faune, Kobolde oder Nymphen. Mit einigen dieser Namen bezeichnet man je eine besondere Art, andere wendet man auf alle ohne Unterschied an.

Sie sind von mannigfacher, verschiedenartiger Gestalt, doch ähneln sie meistens der menschlichen Form, nur sind sie kleiner als diese. Wie fast alle Bewohner der Astralebene können sie beliebig jede äußere Erscheinung annehmen; aber unzweifelhaft hat jeder seine eigene Gestalt, gleichsam seine Lieblingsgestalt, wenn er nicht einen speziellen Grund hat, eine andere anzunehmen. Unter gewöhnlichen Umständen sind sie für das physische Auge nicht sichtbar, aber sie haben die Fähigkeit, sich bis zur Sichtbarkeit zu materialisieren, wenn sie gesehen werden wollen.

Es gibt unter diesen Naturgeistern eine sehr große Anzahl von Unterabteilungen oder Arten, und die Individuen dieser Arten sind ebenso verschieden an Intelligenz und Charakteranlagen wie die Menschen. Die große Mehrzahl von ihnen scheint es vorzuziehen, die Menschen ganz und gar zu meiden; die Gewohnheiten und Ausstrahlungen derselben sind ihnen zuwider, das fortwährende Ungestüm der Astralströme, die von den rastlosen, schlecht beherrschten Wünschen und Begierden der Menschen in Gang gesetzt werden, stört und belästigt sie. Auf der anderen Seite fehlt es nicht an Beispielen, dass sich Naturgeister mit Menschen sozusagen angefreundet haben und ihnen Dienste leisten, so weit es in ihrer Macht stand, wie in den bekannten Geschichten von Heinzelmännchen und Feen.

Diese Hilfsbereitschaft ist jedoch verhältnismäßig selten; in den meisten Fällen, wenn sie mit Menschen in Berührung kommen, zeigen sie Gleichgültigkeit oder gar Abneigung, manchmal macht es ihnen auch boshafte Freude, sie zu täuschen und ihnen kindische Possen zu spielen. In fast allen einsamen Berggegenden gibt es im Volksmund eine Menge Erzählungen, die diese merkwürdige Eigentümlichkeit gut illustrieren. Auch jeder, der spiritistische Sitzungen für physische Phänomene besucht hat, wird sich solcher Beispiele spaßhafter oder einfältiger, wenn auch meistens gutartiger grober Scherze erinnern, die fast immer die Anwesenheit von irgendwelchen Naturgeistern niederen Ranges kennzeichnen.

Sie werden in ihren Streichen sehr durch die wunderbare Fähigkeit unterstützt, jene, die sich ihrem Einfluss aussetzen, in Bann zu schlagen, so dass solche Opfer während dieser Zeit nur das sehen und hören, was diese Naturgeister ihnen einprägen; so wie ein Hypnotisierter das hört, sieht, fühlt und glaubt, was der Hypnotiseur wünscht. Die Naturgeister haben jedoch nicht die Macht des Hypnotiseurs über den menschlichen Willen, ausgenommen bei außergewöhnlich charakterschwachen Menschen oder bei solchen, die sich einem Zustand hilflosen Schreckens so vollständig hingeben, dass sie ihren Willen zeitweilig ganz verlieren. Sie können nichts weiter tun, als die Sinne täuschen. In dieser Kunst sind sie aber wahrhafte Meister, und es gibt Fälle, wo sie eine beträchtliche Menge Menschen auf einmal verblendet haben. Durch Beschwörung solcher Naturgeister, damit sie ihnen durch diese spezielle Macht helfen, bringen die indischen Gaukler einige ihrer wunderbarsten Kunststücke fertig – tatsächlich erliegt dabei die ganze Zuhörerschaft einer Halluzination und wird zu der Einbildung verführt, sie sähen und hörten eine ganze Reihe von Vorgängen, die in Wirklichkeit gar nicht stattgefunden haben.

Wir könnten die Naturgeister fast wie eine Art astraler Menschen ansehen, bis auf den Umstand, dass keiner von ihnen

– auch nicht die höchsten – eine dauernde, sich wiederverkörpernde Individualität besitzt. Augenscheinlich ist ein Punkt, in dem ihre Linie der Entwicklung sich von der unseren unterscheidet, der, dass viel größere Intelligenz sich entwickelt, bevor eine dauernde Individualisation stattfindet. Über die Stufen, die sie schon überschritten haben und die noch vor ihnen liegen, können wir aber nur wenig wissen.

Die Lebenszeit in den verschiedenen Abteilungen variiert sehr. Bei einigen ist sie sehr kurz, bei anderen wieder viel länger als die menschliche. Wir stehen einem Leben wie dem ihren so ganz fremd gegenüber, dass es uns unmöglich ist, viel von seinen Verhältnissen zu verstehen; aber im großen Ganzen scheint es ein einfaches, vergnügtes, unverantwortliches Dasein zu sein, vielleicht ähnlich dem Leben einer Schar glücklicher Kinder unter ausnahmsweise günstigen physischen Bedingungen.

Wenn auch aufgelegt zu Possen und Streichen, sind sie doch selten boshaft, falls sie nicht durch ungerechtfertigte Aufdringlichkeit oder Belästigung herausgefordert werden. Als Gesamtheit nehmen sie aber bis zu einem gewissen Grad teil an dem allgemeinen Gefühl des Misstrauens gegen die Menschheit, und in der Regel scheinen sie geneigt, das erste Erscheinen eines Neophyten auf der Astralebene unangenehm zu empfinden, so dass er sie gewöhnlich zuerst unter irgendeiner unerfreulichen oder erschreckenden Gestalt kennenlernt. Wenn er sich jedoch nicht durch ihre Einfälle schrecken lässt, dann akzeptieren sie ihn bald als ein notwendiges Übel und nehmen keine weitere Notiz von ihm, während einige unter ihnen vielleicht im Laufe der Zeit sich ihm freundlich erweisen und Freude zeigen, mit ihm zusammenzutreffen.

Einige Arten dieser Klasse sind sehr viel weniger kindlich und würdevoller als die bisher beschriebenen. Zu diesen gehören die Wesen, die manchmal unter dem Namen von Waldgöttern oder lokalen Dorfgöttern verehrt wurden. Solche Wesen scheinen der Schmeichelei, die in der ihnen erwiesenen Verehrung liegt, sehr zugänglich zu sein, sich darüber zu freuen und auch gern bereit zu sein, so weit sie es vermögen, sich mit kleinen Diensten dankbar zu erweisen. (Der Dorfgott ist auch oft ein künstliches Wesen; aber diese Abart wird an geeigneter Stelle zur Besprechung kommen.)

Der Adept weiß, wie er sich die Dienste der Naturgeister zunutze machen kann, wenn er ihrer bedarf. Der gewöhnliche Magier jedoch kann ihren Beistand nur durch Zeremonien der Anrufung (Invokation) oder der Beschwörung (Evokation) erlangen – also entweder dadurch, dass er als Bittsteller ihre Aufmerksamkeit auf sich zieht und irgendeine Art Handel mit ihnen abschließt, oder indem er versucht, Einflüsse in Bewegung zu setzen, die ihren Gehorsam erzwingen. Beide Methoden sind äußerst unratsam, und die letztere ist sogar sehr gefährlich, da der Beschwörer eine entschiedene Feindschaft entfacht, die ihm verhängnisvoll werden kann. Es ist wohl kaum nötig zu erwähnen, dass es keinem von einem wirklichen Meister geführten Schüler jemals gestattet sein würde, irgendetwas dergleichen zu unternehmen.

4. Die Devas

Das höchste System der Entwicklung, das mit dieser Erde in Verbindung steht, ist, so weit wir wissen, das jener Art von Wesen, die von den Hindus Devas, anderwärts Engel oder Söhne Gottes genannt werden. Sie können in Wirklichkeit als ein Reich betrachtet werden, das unmittelbar über dem der Menschheit liegt, in derselben Weise etwa wie die Menschheit ihrerseits über dem Tierreich rangiert, nur mit dem wichtigen Unterschied, dass, während für das Tier, so weit wir wissen, keine Möglichkeit der Entwicklung durch ein anderes Reich hindurch als durch das der

Menschheit existiert, dem Menschen auf einer gewissen hohen Stufe verschiedene Pfade des Fortschritts offenstehen, von welchen diese große Deva-Entwicklungslinie nur eine ist.

Im Vergleich zu der erhabenen Verzichtleistung der *Nirmanakayas* wird in manchen Büchern von der »Versuchung, ein Gott zu werden«, gesprochen, der die unterlegen sind, die den soeben erwähnten Pfad der Entwicklung einschlagen; aber man darf aus dieser Ausdrucksweise nicht folgern, dass auch nur der Schatten eines Tadels auf den fällt, der diese Wahl trifft. Der Pfad, den er wählt, ist nicht der kürzeste, aber trotzdem ist er ein sehr edler und hoher, und wenn seine entfaltete Intuition ihn dazu treibt, dann ist es jedenfalls der beste, der sich für seine Fähigkeiten eignet. Wir dürfen nie vergessen, dass sowohl im physischen als auch im geistigen Voranschreiten nicht jeder die Schwierigkeiten des steilsten Weges auf sich nehmen kann. Es gibt gewiss viele, für die der scheinbar langsame Weg der einzig mögliche ist, und wir würden unwürdige Nachfolger unserer großen Lehrer sein, wenn wir uns in unserer Unwissenheit zu dem leisesten verächtlichen Gedanken gegen die verführen ließen, deren Wahl eine andere ist als die unsere.

Welchen Grad der Zuversicht auch unsere Unkenntnis der Schwierigkeiten der kommenden Zeiten gestatten mag, so ist es uns doch unmöglich, auf unserer jetzigen Stufe zu sagen, wessen wir uns fähig fühlen werden, wenn wir nach vielen Leben geduldigen Ringens und Kämpfens das Recht erlangt haben, unsere eigene Zukunft zu wählen. Wahrlich, auch die, welche »der Versuchung nachgeben, Götter zu werden«, haben eine Laufbahn vor sich, die glänzend genug ist, wie sich bald zeigen wird.

Um möglichen Missverständnissen zu begegnen, mag nebenbei bemerkt werden, dass in den Büchern dem Ausdruck »ein Gott werden« manchmal eine ganz andere und zwar böse Bedeutung beigelegt wird, aber in diesem Sinne könnte dies sicherlich nie irgendeine Versuchung für einen entwickelten Menschen sein, und jedenfalls hat diese Bedeutung mit unserem jetzigen Gegenstand nichts zu tun.

In der Literatur des Ostens wird das Wort »Deva« häufig ganz allgemein auf alle Arten nicht-menschlicher Wesen angewandt, so dass es einerseits große Gottheiten und andererseits Naturgeister sowie künstliche Elementale mit einschließt. Hier soll nur die großartige Stufe der Entwicklung darunter verstanden werden, die wir jetzt betrachten.

Obgleich die Devas mit unserer Erde in Verbindung stehen, so sind sie doch keineswegs an diese gefesselt; denn unsere gegenwärtige Kette von sieben Welten als Ganzes ist für sie *eine* Welt. Ihre Entwicklung vollzieht sich innerhalb eines großartigen Systems von sieben Ketten. Ihre Scharen haben sich bis jetzt hauptsächlich aus anderen Menschheiten im Sonnensystem, teils aus höheren, teils aus niedereren als die unsere, rekrutiert, da erst ein sehr kleiner Bruchteil unserer eigenen bis jetzt die Stufe erreicht hat, auf der es möglich ist, sich ihnen einzureihen. Es scheint aber sicher, dass der Aufstieg einiger ihrer sehr zahlreichen Klassen nie durch irgendeine Menschheit hindurchgeführt hat, die mit der unseren irgendwie vergleichbar wäre.

Es ist gegenwärtig nicht möglich, uns von ihnen ein klares Bild zu machen, doch so viel ist sicher, dass das, was als das Ziel ihrer Entwicklung bezeichnet werden kann, beträchtlich höher ist als unser Ziel. Während es der Zweck unserer menschlichen Evolution ist, den erfolgreichen Teil der Menschheit gegen Ende der Entwicklung auf eine gewisse Stufe der geistigen Entwicklung zu heben, ist es das Ziel der Deva-Evolution, ihre vordersten Reihen in derselben Periode auf eine viel höhere Ebene steigen zu lassen. Für sie wie auch für uns steht dem ernstlichen Bemühen ein steilerer, aber kürzerer Weg zu noch erhabeneren Höhen offen; aber was diese Höhen für sie bedeuten, können wir nur mutmaßen.

Es sind nur die niedrigeren Reihen dieser erhabenen Körperschaft, die wir hier in Verbindung mit unserem Gegenstand, der Astralebene, zu erwähnen haben. Ihre drei niedrigsten Abteilungen werden (von unten angefangen) gewöhnlich die *Kama-Devas*, *Rupa-Devas* und *Arupa-Devas* genannt. Geradeso wie unser gewöhnlicher Körper hier – der niedrigste für uns mögliche – der physische ist, so ist der gewöhnliche Körper eines Kama-Devas der astrale. Der Deva befindet sich also in derselben Lage wie die Menschheit. Während er gewöhnlich in einem Astralkörper lebt, würde er, um aus ihm heraus in höhere Sphären zu gehen, seinen Mentalkörper benutzen, gerade wie wir es in unserem Astralkörper tun. Es würde ihn, wenn er genügend weit entwickelt ist, keine größere Anstrengung kosten, seinen Kausalkörper zu benutzen wie für uns den Mentalkörper.

In derselben Weise ist der gewöhnliche Körper des Rupa-Devas[3] der mentale, da er seinen Aufenthalt auf den vier niederen oder Rupa-Stufen dieser Ebene hat, während der Arupa-Deva zu den drei höheren gehört und keine andere körperliche Behausung besitzt als den Kausalkörper. Aber für den Rupa wie für den Arupa-Deva ist es ein wenigstens ebenso seltenes Ereignis, sich auf der Astralebene zu manifestieren, wie es für Astralwesen ist, sich auf dieser physischen Ebene zu materialisieren. Deshalb brauchen wir sie hier nur nebenbei zu erwähnen.

Was die niederste Klasse betrifft – die Kama-Devas –, so würde es ein vollständiger Irrtum sein anzunehmen, dass sie alle unermesslich höher ständen als wir, da einige aus einer in mancher Hinsicht weniger fortgeschrittenen Menschheit als die unsere in deren Reihen eingetreten sind. Der allgemeine Durchschnitt jedoch ist bei ihnen viel höher als bei uns, denn alles aktive und absichtliche Böse haben sie längst ausgemerzt. Sie sind aber ihren Anlagen nach sehr verschieden, und ein wirklich edler, selbstlo-

---

3   Rupa= Form; Arupa=formlos

ser, spirituell gesinnter Mensch kann sehr wohl auf der Stufenleiter der Entwicklung höher stehen als mancher der ihren.

Ihre Aufmerksamkeit kann durch bestimmte magische Beschwörungen herbeigezogen werden; aber unter den Menschen ist nur eine gewisse hohe Klasse von Adepten imstande, durch ihren Willen den ihrigen zu beherrschen. Der Regel nach scheinen sie sich unser auf der physischen Ebene gar nicht bewusst zu sein; aber es kommt hin und wieder vor, dass der eine oder andere irgendwelcher Schwierigkeiten eines Menschen gewahr wird, die dann sein Mitleid wachrufen, und er leistet dann irgendwie Hilfe, gerade wie einer von uns etwa einem Tier zu helfen sucht, das er in Not sieht. Aber sie sind sich darüber klar, dass irgendeine Einmischung in menschliche Angelegenheiten auf unserer jetzigen Stufe mehr Schaden als Nutzen bringen würde.

Über den Arupa-Devas gibt es dann noch vier andere große Abteilungen, und über dem ganzen Deva-Reich überhaupt befindet sich die große Schar der Planetengeister; aber die Betrachtung solch herrlicher, erhabener Wesen würde in einem Essay über die Astralebene nicht am Platze sein.

Obgleich wir sie nicht als zu einer unserer Klassen gehörig ansprechen können, so ist doch hier vielleicht der beste Ort, um vier wundervolle, wichtige Wesen zu erwähnen – die vier *Devarajas*. In diesem Namen darf das Wort »Deva« jedoch nicht in dem Sinne aufgefasst werden, in welchem wir es bisher gebraucht haben, denn es ist nicht das Deva-Reich, sondern es sind die vier »Elemente«, Erde, Wasser, Luft und Feuer, mit ihren in ihnen wohnenden Naturgeistern und Essenzen, über die diese vier geistigen Könige regieren. Welche Art von Entwicklung sie durchgemacht haben, um ihre gegenwärtige Höhe der Macht zu erreichen, können wir nicht sagen; nur das ist sicher, dass sie niemals auf irgendeiner Stufe waren, die unserer Menschheit entspräche.

Sie werden oft die „Regenten der Erde" genannt oder die „Engel der vier Kardinalpunkte". Die Hindus bezeichnen sie zusammen als die *Chatur-Maharajas* und geben ihnen die speziellen Namen: *Dhritarashtra, Virudhaka, Virupaksha* und *Vaishravana*. In denselben Büchern nennen sie ihre Scharen von Elementalen *Gandharvas, Kumbhandas, Nagas* und *Yakshas*, die vier Weltrichtungen, die ihnen zugesprochen werden, sind der Reihenfolge nach Osten, Süden, Westen und Norden, und ihre symbolischen Farben sind Weiß, Blau, Rot und Gold. Sie werden in der *Geheimlehre* von H. P. Blavatsky als »beschwingte Weltkugeln und feurige Räder« bezeichnet, und in der christlichen Bibel macht Hesekiel einen sehr bemerkenswerten Versuch, eine Beschreibung von ihnen zu geben, in der sehr ähnliche Bezeichnungen gebraucht werden. Hindeutungen auf sie finden wir in der Symbologie jeder Religion, und immer hat man ihnen die höchste Verehrung als den Beschützern der Menschheit entgegengebracht.

Sie sind es, die als Verwalter des Karmas der Menschen während ihres Lebens auf Erden wirken. Sie spielen also eine außerordentlich wichtige Rolle im menschlichen Schicksal. Die großen karmischen Gottheiten des Kosmos (in der *Geheimlehre* die *Lipika* genannt) wägen die Taten jeder Persönlichkeit, nachdem die endgültige Trennung ihrer Grundteile am Ende des Astrallebens stattgefunden hat, und gestalten sozusagen das Modell eines ätherischen Körpers, der genau den Anforderungen seines Karmas bei der nächsten Geburt des Menschen entspricht. Da die *Devarajas* aber die Herrschaft über die »Elemente« besitzen, aus welchen dieser Ätherkörper zusammengesetzt werden muss, sind sie es, die deren richtiges Verhältnis zueinander bewirken, damit die Absichten der *Lipika* genau erfüllt werden.

Ebenso wachen diese *Devarajas* über das Leben aller, gleichen die Abweichungen aus, die fortwährend vom Menschen durch seinen eigenen freien Willen und den seiner Umgebung hervorgerufen werden, so dass keine Ungerechtigkeit geschieht und sich Karma, wenn nicht auf einem Wege, dann auf einem anderen genau auswirkt. Sie können, falls sie wollen, eine menschliche Gestalt annehmen, und es werden auch verschiedene Fälle berichtet, wo sie es getan haben.

Alle höheren Naturgeister und Scharen von künstlichen Elementalen wirken als ihre Werkzeuge bei dem überwältigend großen Werk, das sie vollführen; doch liegen alle Fäden in ihren Händen und die ganze Verantwortung lastet auf ihnen allein. Sie manifestieren sich nicht häufig auf der Astralebene; wenn es jedoch vorkommt, so sind sie jedenfalls die Bemerkenswertesten unter den nicht-menschlichen Bewohnern. Einem Schüler der Esoterischen Philosophie braucht es nicht erst gesagt zu werden, dass es in Wirklichkeit sieben und nicht vier *Devarajas* geben muss, da es sieben große Klassen sowohl von Naturgeistern als auch von Elementalessenz gibt; aber außerhalb des Kreises der Initiierten ist von den drei höheren wenig bekannt, und noch weniger kann über sie berichtet werden.

IV. Die künstlichen Wesenheiten

Diese bilden die umfangreichste Klasse der astralen Wesenheiten und sind zugleich die wichtigsten für den Menschen. Ganz und gar seine eigenen Geschöpfe, sind sie mit ihm durch die engsten karmischen Bande verknüpft und wirken auf ihn direkt und unaufhörlich ein. Sie bilden eine fortwährend neu entstehende, ungeheure Menge halbintelligenter Wesenheiten, die so verschieden sind wie die menschlichen Gedanken und sich praktisch kaum in Klassen ordnen lassen. Die einzige Einteilung, die mit Nutzen gemacht werden könnte, ist die Unterscheidung jener künstlichen Elementale, welche der größte Teil der Menschen unbewusst hervorruft, von jenen, die von Magiern mit bestimmter Absicht gebildet werden. Dazu käme eine dritte Klasse, nämlich die sehr kleine Zahl künstlich gestalteter Wesenheiten, die überhaupt keine Elementale sind.

1. Unbewusst geschaffene Elementale

Es ist schon erwähnt worden, dass die Elementalessenz, die uns auf allen Seiten umgibt, in allen ihren zahllosen Arten auf einzigartige Weise für den Einfluss menschlicher Gedanken empfänglich ist. Selbst ein gelegentlicher, flüchtiger Gedanke veranlasst sie, eine Wolke von sich äußerst schnell bewegenden und schnell verschwindenden Formen zu bilden. Es gilt nun zu zeigen, wie die Wirkung sich gestaltet, wenn die menschliche Psyche einen bestimmten, überlegten Gedanken oder Wunsch fasst.

Die erzielte Wirkung ist sehr auffallend. Der Gedanke bemächtigt sich der bildsamen Essenz und gestaltet sie augenblicklich zu einem lebenden Wesen von entsprechender Form, einem Wesen, das, einmal geschaffen, in keiner Weise mehr der Herrschaft seines Schöpfers unterworfen ist, sondern ein Leben für sich führt, dessen Länge im Verhältnis zur Intensivität des Gedankens oder des Wunsches steht, der ihn ins Dasein gerufen hat. Es dauert tatsächlich genau so lange an, wie die Gedankenkraft es zusammenhält. Die Gedanken der meisten Menschen sind so flüchtig und unbestimmt, dass die dadurch erschaffenen Elementale nur die Lebenszeit einiger Minuten oder weniger Stunden haben. Ein oft wiederholter Gedanke dagegen oder ein ernster Wunsch gestaltet ein Elemental, dessen Dasein viele Tage andauern kann.

Da die Gedanken der gewöhnlichen Menschen sich meistenteils auf letztere selbst beziehen, so schweben die Formen, die sie hervorrufen, dauernd um sie her und haben fortwährend die Neigung, sie zu einer Wiederholung des Gedankens, den sie in sich tragen, zu reizen, da solche Wiederholungen, anstatt neue Formen zu bilden, die alten kräftigen und ihnen eine weitere Daseinsfrist gewähren. Ein Mensch, der wiederholt intensiv einem Wunsch nachhängt, gestaltet sich daher einen astralen Begleiter, der, fortwährend durch neue Gedanken genährt, ihn jahrelang heimsuchen und immer mehr und mehr Kraft und Einfluss über ihn gewinnen kann. Es ist leicht einzusehen, dass, wenn der Wunsch kein guter ist, die Wirkung auf seine Moral und seinen Charakter äußerst schädlich sein kann.

Von noch schwerwiegenderer Wirkung, im Guten wie im Bösen, sind unsere Gedanken über andere Menschen, denn in diesem Fall schweben die Formen nicht um den, der denkt, sondern um den Gegenstand der Gedanken. Ein freundliches Gedenken an einen anderen oder ein ernster Wunsch zu seinem Besten gestaltet ein freundliches Elemental, das sofort zu ihm eilt. Wenn der Wunsch ein ganz bestimmter ist, z. B. die Genesung nach einer Krankheit, dann ist das Elemental eine Kraft, die stets um ihn ist, um seinen Heilungsprozess zu fördern oder um alle Einflüsse abzuwehren, die ihn behindern könnte. Es scheint dann so, als brächte es eine große Intelligenz und Anpassungsfähigkeit in Anwendung, während es in Wirklichkeit nur eine Kraft ist, die auf der Linie des geringsten Widerstandes wirkt – denn dieses Elemental drängt in der ganzen Zeit stetig in eine Richtung und macht sich jeden Kanal zunutze, den es finden kann. Etwa geradeso wie Wasser in einem Bassin sofort unter zwölf geschlossenen Röhren die eine offene findet und sich durch diese entleert.

Wenn der Wunsch sich nur unbestimmt auf das allgemeine Beste des Anderen bezieht, wird die Elementalessenz, ihrer wunderbaren plastischen Natur gemäß, auch diesem weniger bestimmten Gedanken entsprechen und das geschaffene Wesen wird seine Kraft auf jeden Vorgang richten, der zum Besten des Menschen sich gerade anbietet. In allen Fällen hängt der Betrag solcher Kraft, den es auszugeben vermag, und die Länge der Lebenszeit, in der es sie ausgeben kann, allein von der Stärke des ursprünglichen Wunsches oder Gedankens ab, der es entstehen ließ. Man muss allerdings festhalten, dass es sozusagen genährt und gekräftigt und seine Lebenszeit verlängert werden kann, wenn ähnliche gute Wünsche oder freundliche Gedanken in derselben Richtung versandt werden.

Dazu kommt, dass die Elementale, so wie die meisten anderen Wesen, von einem instinktiven Wunsch beseelt zu sein scheinen, ihr Leben zu verlängern. So wirken sie auf ihren Schöpfer als Kräfte zurück, die ihn fortwährend zur Erneuerung der Gefühle reizen, die sie ins Dasein gerufen haben. Sie beeinflussen in ähnlicher Weise auch andere, mit denen sie in Berührung kommen, doch ist ihre Verbindung mit diesen natürlich nicht so vollkommen.

Alles, was über die Wirkung guter Wünsche und freundlicher Gedanken gesagt worden ist, trifft auch in entgegengesetzter Richtung auf böse Wünsche und zornige Gedanken zu, und bedenkt man, wie viel Neid, Hass, Bosheit und Lieblosigkeit in der Welt existiert, so wird man leicht verstehen, dass unter den künstlichen Elementalen viele schreckliche Geschöpfe zu sehen sind. Ein Mensch, dessen Gedanken oder Begierden boshaft, brutal, sinnlich oder geizig sind, führt allerwärts, wohin er auch geht, eine pestartige Atmosphäre mit sich, bevölkert mit widerlichen Wesen, die er selbst zu seinen Begleitern erschaffen hat. So ist er nicht nur selbst in einer traurig üblen Lage, sondern auch eine Gefahr der Verunreinigung für seine Mitmenschen. Er unterwirft alle, die das Unglück haben, mit ihm in Berührung zu kommen, dem Risiko, durch den Einfluss seiner Abscheulichkeiten, mit denen er sich zu umgeben liebt, moralisch angesteckt zu werden.

Ein Gefühl des Neides oder des eifersüchtigen Hasses gegen jemand anderen sendet ein böses Elemental aus, um über diesem zu schweben und nach einem schwachen Punkt zu suchen, von dem aus es auf ihn einwirken kann. Wenn dieses Gefühl ein andauerndes ist, wird ein solches Geschöpf fortwährend genährt und dadurch befähigt, seine unerwünschte Tätigkeit sehr lange Zeit fortzusetzen. Es kann jedoch auf die Person, gegen die es gerichtet ist, keine Wirkung ausüben, wenn diese nicht selbst irgendeine Schwäche besitzt, die es stärken kann, die ihm sozusagen einen Stützpunkt für seinen Hebel bietet. Von der Aura eines Menschen von reinen Gedanken und edlem Leben prallen alle solche Einflüsse sofort ab, da sie nichts finden, an dem sie haften können, und in diesem Fall wirken sie, einem merkwürdigen Gesetz gemäß, mit all ihrer Kraft auf ihren ursprünglichen Schöpfer zurück. In ihm, kann man annehmen, finden sie einen sehr geeigneten Wirkungskreis, und so wirkt sich das Karma seines bösen Wunsches sofort gerade durch das Wesen aus, das er selbst ins Dasein gerufen hat.

Gelegentlich jedoch kommt es vor, dass ein Elemental dieser Art aus verschiedenen Gründen seine Kraft weder an dem beabsichtigten Ziel noch an seinem Schöpfer ausüben kann, und in solchen Fällen wird es zu einer Art wanderndem Dämon, der sehr leicht von einem Menschen angezogen wird, der sich ähnlichen Gefühlen hingibt wie die, welche den Dämon entstehen ließen. Dieser facht dann jene Gefühle noch mehr an, um neue Kraft aus ihnen zu ziehen, oder er strömt seinen gesammelten üblen Einfluss auf jede schwache Stelle des betreffenden Menschen aus, die er zu erreichen vermag. Wenn das Elemental kräftig genug ist, um von einer vorüberschwebenden Schale Besitz zu ergreifen und in ihr zu hausen, so tut es dies nicht selten, da der Besitz eines solch zeitweiligen Heims es befähigt, seine schrecklichen Hilfsmittel sorgfältiger zu hüten und zu pflegen. In dieser Form manifestiert es sich manchmal durch ein Medium, und indem es die Rolle irgendeines wohlbekannten Freundes spielt, erhält es zuweilen Einfluss auf Menschen, über die es sonst wenig Gewalt haben würde.

Dieser Sachverhalt zeigt aufs Neue, wie wichtig es ist, dass wir unsere Gedanken unter strenger Kontrolle halten. Mancher wohlmeinende Mensch, der ängstlich darauf bedacht ist, seine Pflichten gegen seinen Nächsten in Wort und Tat zu erfüllen, ist geneigt zu glauben, dass seine Gedanken niemanden etwas angehen außer ihn selbst. Er lässt sie deshalb nach allen Richtungen umherschweifen und hat keine Ahnung davon, welche Schwärme verderblicher Geschöpfe er in die Welt sendet.

Auf einen solchen Menschen würde ein genaues Verständnis der Wirkung von Gedanken und Wünschen durch das Erzeugen künstlicher Elementale wie eine erschütternde Offenbarung wirken. Andererseits würde ein solches Verstehen der größte Trost sein für viele hingebende, dankbare Seelen, die von dem Gefühl bedrückt werden, dass sie unfähig sind, irgendwie die Freundlichkeiten zu vergelten, die ihre Wohltäter ihnen erwiesen haben. Denn freundliche Gedanken fassen und aufrichtige gute Wünsche aussenden, können Arme ebenso leicht und wirkungsvoll wie Reiche. Fast jeder ist imstande, wenn er sich nur Mühe gibt, seinen Bruder oder seiner Schwester, seinen Freund oder seinem Kind, dem, den er am meisten liebt, gleichgültig wo in der Welt sich dieser befindet, stets einen guten Engel (wie wir ihn seiner Wirkung nach nennen können) zur Seite zu stellen und zu erhalten.

So manches Mal haben sich die liebenden Gedanken und Gebete einer Mutter zu einem Schutzengel für das Kind gestaltet und haben ihm unzweifelhaft Beistand und Schutz gewährt, ausgenommen den fast unmöglichen Fall, dass das Kind keinen Zug in seinem Charakter besaß, der dem guten Einfluss entgegenkam. Solche schützende Elementale können oft mittels hellsichtiger Schau gesehen werden, und es hat sogar Fälle gegeben, in denen eines genügend Kraft hatte, sich zu materialisieren und vorübergehend auch physisch sichtbar zu werden.

Eine merkwürdige Tatsache verdient hier Erwähnung. Selbst nachdem eine Mutter in die Himmelswelt eingegangen ist, wirkt die Liebe, die sie auf ihre Kinder ausströmt, in deren Kreis sie sich zu befinden glaubt, auf diese Kinder ein, obgleich sie noch auf dieser Welt leben, und kräftigt oft das schützende Elemental, das sie noch auf Erden geschaffen hatte, bis ihre Lieblinge ihrerseits selbst in ihre Welt eintreten. Wie schon Helena Blavatsky bemerkte: »Ihre Liebe wird immer von den Kindern auf der Erde empfunden werden; sie wird sich in ihren Träumen offenbaren sowie bei verschiedenen Gelegenheiten in fürsorglicher Beschützung und im Entgehen von Gefahren; denn Liebe ist ein starker Schild und ist nicht begrenzt durch Raum und Zeit.« (*Der Schlüssel zur Theosophie*)

Jedoch darf nicht alles, was an Hilfe durch Schutzengel berichtet wird, dem Eingreifen von künstlichen Elementalen zugeschrieben werden, denn in vielen Fällen sind diese »Engel« Seelen lebender oder kürzlich abgeschiedener menschlicher Wesen. Gelegentlich, wenn auch selten, sind es sogar Devas.

Diese Kraft, die ein ernster Wunsch besitzt, besonders wenn er häufig wiederholt wird, um ein tätiges Elemental zu erschaffen, das energisch in der Richtung seiner eigenen Erfüllung drängt, ist die wissenschaftliche Erklärung für das, was fromme, aber unphilosophische Menschen als Gebetserhörung bezeichnen. Es gibt Fälle, wenn sie auch in jetziger Zeit selten sind, bei denen das Karma der so betenden Person die direkte Hilfe eines Adepten oder seiner Schüler gestattet. Es gibt auch die noch seltenere Möglichkeit des Eingreifens eines Devas oder irgendeines freundlich gesinnten Naturgeistes; aber in allen diesen Fällen würde der leichteste und nächstliegende Weg für solche Hilfe sein, das Elemental, das schon durch den Wunsch geschaffen ist, zu kräftigen und geschickt zu leiten.

Kürzlich wurde einem unserer Forscher ein sehr merkwürdiges und lehrreiches Beispiel für die unter günstigen Umständen außerordentlich lange Lebensdauer eines solchen Elementals bekannt. Alle, die die Literatur über solche Gegenstände gelesen haben, wissen, dass von vielen alten englischen Familien erzählt wird, es träte bei ihnen seit alten Zeiten eine Art Todeswarnung auf – ein Phänomen dieser oder jener Art, das gewöhnlich einige Tage vorher das herannahende Sterben des Familienoberhauptes ankündigte. Ein anschauliches Beispiel hierfür ist die bekannte Sage vom „Weißen Vogel" in der Familie Oxenham, dessen Erscheinen von jeher, schon seit der Zeit von Königin Elisabeth I., als eine sichere Voraussage des Todes eines Familienmitglieds angesehen wird. Ein anderes Beispiel ist die Geisterkutsche, die vor das Tor eines gewissen Schlosses im Norden vorfahren soll, wenn ein ähnlicher Trauerfall bevorsteht.

Ein Phänomen dieser Art tritt auch in der Familie eines unserer Mitglieder auf, doch ist es seinem Charakter nach viel gewöhnlicher und weniger auffallend, als eines der oben erwähnten. Es besteht nur in einer feierlichen und eindrucksvollen Musik, gleichsam wie eine Strophe aus einem Grabgesang, die scheinbar in der Luft ertönt, und zwar drei Tage bevor der Tod eintritt. Unser Mitglied hat zweimal diese mystischen Töne gehört und fand in beiden Fällen die Warnung genau zutreffend. Es wusste, dass gemäß der Familienüberlieferung sich dieser Vorgang schon seit mehreren Jahrhunderten so abgespielt hat, und es machte sich nun daran, auf spirituellem Wege dieser befremdenden Erscheinung auf den Grund zu gehen.

Das Ergebnis war unerwartet, aber interessant. Es zeigte sich, dass einmal, im 12. Jahrhundert, das Oberhaupt der Familie, gerade wie viele andere tapfere Männer, sich den Kreuzfahrern angeschlossen hatte und seinen jüngsten Sohn, seinen Liebling, mitnahm, damit sich dieser im Kampf seine Sporen verdienen könne. Es handelte sich um einen vielversprechenden Jüngling, dessen Erfolg im Leben für das Vaterherz der höchste Wunsch war. Unglücklicherweise jedoch wurde der junge Mann im Kampf getötet, und der Vater wurde in tiefste Verzweiflung gestürzt. Er beklagte nicht nur den Verlust des Sohnes, sondern noch mehr, dass dieser im vollen Treiben der sorglosen und nicht ganz tadellosen Jugend so plötzlich dahingerafft wurde.

So tief ergriff den alten Mann dieses Gefühl, dass er seine Ritterrüstung ablegte, einem der großen Mönchsorden beitrat und das Gelübde tat, seine ihm noch gegönnte Lebenszeit dem Gebet zu widmen – und zwar in erster Linie für die Seele seines Sohnes, sodann aber auch dafür, dass von nun an keinen seiner Nachkommen der Tod unvorbereitet treffe. Für seinen einfachen und frommen Sinn war dies ein schrecklicher Gedanke. Jeden Tag strömte nun Jahr für Jahr die ganze Energie seiner Seele in diesen intensiven Wunsch und hielt unerschütterlich an dem Glauben fest, dass auf irgendeine Weise das, was er so sehnlich wünschte, in Erfüllung gehen würde.

Wer einige esoterische Studien gemacht hat, wird leicht erwägen können, welche Wirkung solch ein entschiedener und lange Zeit aufrechterhaltener Gedankenstrom haben musste. Der ritterlicher Mönch erschuf für diesen besonderen Zweck ein künstliches Elemental von ungeheurer Kraft und Leistungsfähigkeit und speicherte in diesem einen Kraftvorrat auf, der es ihm möglich machte, eine unbegrenzte Zeit hindurch seine Wünsche auszuführen. Ein Elemental ist ein vollkommener Akkumulator, eine Batterie ohne Stromverlust. Wenn wir bedenken, welche Kraft sie ursprünglich besessen haben muss und wie verhältnismäßig selten sie aufgerufen war, Kraft abzugeben, dann werden wir uns kaum wundern, dass sie selbst jetzt noch unverminderte Lebenskraft zeigt und noch immer den direkten Nachkommen des alten Kreuzfahrers ihr bevorstehendes Ende ankündigt und zu diesem Zweck in ihren Ohren die fremdartige klagende Musik ertönen lässt, die vor siebenhundert Jahren in Palästina am Grabe eines jungen tapferen Kriegers als Grabgesang erklang.

2. Bewusst geschaffene Elementale

Wenn solche Erfolge, wie soeben beschrieben, durch die Gedankenkraft von Menschen erreicht werden konnten, die über das, was sie taten, vollständig in Unkenntnis waren, dann wird man leicht begreifen, dass ein Magier, der die Sache kennt und genau übersehen kann, welche Wirkung er hervorbringt, auf diesem Wege eine ungeheure Kraft ausüben kann. Tatsächlich benutzen Okkultisten beider Richtungen, von der weißen wie von der schwarzen Schule, häufig Elementale zu ihrem Werk, und es gibt nur wenige Aufgaben, die diese nicht auszuführen imstande wären, wenn sie wissenschaftlich hergestellt und mit Kenntnis und Geschicklichkeit gelenkt werden. Jemand, der weiß, wie es gemacht wird, kann mit seinem Elemental in Verbindung bleiben und es leiten, unabhängig davon, wie weit entfernt es zu wirken hat, so dass es in Wirklichkeit vorgeht, als ob es die volle Intelligenz seines Meisters besäße.

Sehr bestimmte und sehr wirkungsvolle »Schutzengel« sind manchmal auf diese Weise ausgesandt worden, obgleich es wahrscheinlich sehr selten ist, dass das Karma ein so entscheidendes Eingreifen in das Leben eines Menschen gestattet, wie es eine solche Aussendung sein würde. Aber einem Schüler der Adepten zum Beispiel, der bei der Ausführung einer von ihnen gestellten Aufgabe Gefahr läuft, von Kräften angegriffen zu werden, denen die Spitze zu bieten seine Kraft ohne Unterstützung entschieden nicht ausreichen würde, sind wohl »Schutzengel« dieser Art beigegeben worden. Diese haben ihre niemals ruhende Wachsamkeit und ihre ungeheure Kraft voll bewiesen.

Bei einigen Operationen höherer Schwarzer Magie können auch Elementale von großer Macht ins Leben gerufen werden, und auf verschiedene Weise ist viel Schlimmes von solchen Wesenheiten ausgeübt worden. Aber es gilt von diesen dasselbe wie von der vorigen Klasse, dass sie, wenn sie gegen einen Menschen gerichtet werden, auf den sie infolge der Reinheit seines Charakters keine Wirkung ausüben können, mit schrecklicher Gewalt auf ihren Schöpfer zurückwirken. Es ist also die mittelalterliche Sage von dem Zauberer, der durch den bösen Feind, den er selbst gerufen hat, in Stücke zerrissen wurde, keine bloße Fabel. Ihr mag durchaus eine grausige Tatsache zugrunde liegen.

Solche Geschöpfe entwischen manchmal aus verschiedenen Gründen der Herrschaft derer, die von ihnen Gebrauch zu machen versuchen, und werden zu ziellos umherschweifenden Dämonen, ebenso wie einige von jenen, die im vorigen Abschnitt erwähnt wurden. Da aber die hier besprochenen viel mehr Intelligenz und Kraft und auch eine viel längere Lebensdauer besitzen, so sind sie verhältnismäßig viel gefährlicher. Sie suchen unaufhörlich nach Mitteln, um ihr Leben zu verlängern, entweder dadurch, dass sie gleich Vampiren Lebenskraft aus menschlichen Wesen saugen oder sie dazu beeinflussen, ihnen Opfergaben darzubringen. Bei einfachen, halbwilden Stämmen haben sie durch geschicktes Vorgehen oft den Erfolg gehabt, als Dorf- oder Familiengötter anerkannt zu werden.

Von allen Gottheiten, die blutige Opfer verlangen, kann man stets annehmen, dass sie zu der niedrigsten und widerlichsten Klasse dieser Gattung gehören. Andere, weniger abschreckende Arten sind manchmal mit Opfern von Reis und gekochten Nahrungsmitteln aller Art zufrieden. Es gibt in Indien Gegenden, wo man beide finden kann. Sie stehen noch bis auf den heutigen Tag in Ansehen; und in Afrika sind sie wahrscheinlich verhältnismäßig am zahlreichsten.

Durch die Nahrung, die sie aus diesen Opfern ziehen, und noch mehr durch die Lebenskraft, die sie ihren Anbetern aussaugen, können sie ihr Dasein um manches Jahr, ja selbst um Jahrhunderte verlängern, wobei sie genügend Kraft behalten, um gelegentliche Phänomene harmloser Art hervorzurufen und dadurch den Glauben und den Eifer ihrer Anhänger anzuspornen. Regelmäßig machen sie sich auf die eine oder die andere Art unangenehm bemerkbar, wenn die übliche Opferung vernachlässigt wird.

So bemerkten zum Beispiel, einem kürzlich bekannt gewordenen Bericht zufolge, die Einwohner eines indischen Dorfes, dass, sobald aus irgendeinem Grunde die lokale Gottheit nicht das regelmäßige Mahl bekommen hatte, an allen Seiten von selbst Feuer in den Hütten ausbrach, manchmal in dreien oder vieren zu gleicher Zeit, und zwar dort, wo ihrer Überzeugung nach der Verdacht gänzlich ausgeschlossen war, dass Menschen dabei tätig gewesen sein konnten. An mehr oder weniger ähnliche Berichte wird sich jeder Leser erinnern, der etwas von den mehr abgelegenen Winkeln dieses wunderbarsten aller Länder kennengelernt hat.

Die Kunst, Elementale von äußerster Bösartigkeit und Macht herzustellen, scheint eine Spezialität der Magier von Atlantis gewesen zu sein, der »Herren des dunklen Angesichts«. Was diese in der Richtung zu leisten imstande waren, davon gibt die *Geheimlehre* ein Beispiel, wo wir von wunderbaren sprechenden Tieren lesen, die durch Blutopfer dazu veranlasst werden mussten, ruhig zu bleiben und ihre Herren nicht zu wecken und sie vor dem hereinbrechenden Untergang nicht zu warnen. Aber abgesehen von diesen befremdlichen Geschöpfen schufen sie noch andere künstliche Wesen von so furchtbarer Macht und Energie, dass, dunklen Andeutungen nach, einige von ihnen bis auf den heutigen Tag ihr Dasein aufrechterhalten haben, obgleich mehr als elftausend Jahre verflossen sind, seit die Katastrophe über ihre ursprünglichen Herren hereinbrach.

3. Künstliche Menschenwesen

Wir haben nun eine Klasse von Wesen zu betrachten, deren Zahl zwar nur sehr gering ist, die aber wegen ihres engen Zusammenhanges mit einer der großen Bewegungen der neuesten Zeit eine Wichtigkeit erlangt haben, die mit ihrer Anzahl in keinem Verhältnis steht. Man kann im Zweifel sein, ob diese Klasse unter der ersten oder der dritten Hauptabteilung einzureihen ist; aber obwohl die Wesen sicherlich zu den menschlichen gerechnet werden müssen, stehen sie doch so weit außerhalb des gewöhnlichen Laufes der Entwicklung, sind so vollständig das Produkt eines äußeren Willens, dass sie doch wohl am naturgemäßesten unter die künstlichen Wesen fallen.

Am leichtesten werden wir ein Bild von dieser Klasse erlangen, wenn wir mit ihrer Entstehungsgeschichte anfangen; und zu diesem Zweck müssen wir noch einmal einen Blick auf die große atlantische Kultur werfen. Wenn wir an die Adepten und esoterischen Schulen dieses bemerkenswerten Volkes denken, dann haben wir im Geist unwillkürlich die schlimmen Praktiken ihrer letzten Tage vor Augen, von denen wir so viel gehört haben; aber wir dürfen nicht vergessen, dass vor dieser Periode der Selbstsucht und Erniedrigung die mächtige Zivilisation von Atlantis auch viel Edles und Bewunderungswürdiges hervorgebracht hat. Unter ihren Führern waren einige, die heute auf der höchsten geistigen Reifestufe stehen, die der Mensch bis jetzt erreicht hat.

Von den Adepten des guten Gesetzes waren Logen für das geistige Studium zur Vorbereitung auf die Initiation errichtet worden. Eine von diesen befand sich in einem bestimmten Teil Amerikas, der damals einem der großen atlantischen Monarchen – einem der »Göttlichen Herrscher des Goldenen Tores« tributpflichtig war. Sie hatte zwar manche merkwürdige Wechselfälle zu erleben und musste ihren Sitz immer aufs Neue von Land zu Land verlegen, als die Länder der Reihe nach von den unharmonischen Elementen einer späteren Zivilisation überschwemmt wurden; aber trotzdem existiert diese Loge noch bis auf den heutigen Tag und bedient sich noch immer desselben Rituals der alten Welt, sie lehrt sogar noch als heilige geheime Sprache dieselbe atlantische Redeweise, die vor so vielen tausend Jahren bei ihrer Gründung benützt wurde.

Sie ist noch jetzt, was sie von Anfang an war – eine Loge von Weisen mit reinen, philanthropischen Zielen, welche die Schüler, die sie dessen würdig befindet, ein beträchtliches Stück auf dem Wege zur Erkenntnis führen kann, und die diesen die psychischen Kräfte, die sie vergibt, erst überträgt, nachdem der Bewerber die schärfsten Proben seiner Reife bestanden hat. Ihre Lehrer stehen nicht auf der Stufe der Adepten, aber Hunderte haben in ihr gelernt, ihre Füße auf den Pfad zu setzen, der sie im späteren Leben zur Adeptschaft geführt hat. Wenn diese Loge auch nicht eigentlich einen Teil der „Weißen Bruderschaft" bildet, so sind doch einige ihrer Mitglieder in früheren Verkörperungen mit ihr in Verbindung gestanden und nehmen deshalb ein mehr als gewöhnliches freundliches Interesse an ihren Arbeiten.

Obgleich die Leiter dieser Loge sich und ihre Gesellschaft immer streng im Hintergrund gehalten haben, so taten sie doch von Zeit zu Zeit alles, was sie vermochten, um zur Ausbreitung der Wahrheit in der Welt beizutragen. In Verzweiflung über den alles überwuchernden Materialismus, der um die Mitte des 19. Jahrhunderts alle Spiritualität in Europa und Amerika zu ersticken drohte, entschlossen sie sich zu dem Versuch, ihn durch eine einigermaßen neue Methode zu bekämpfen, und zwar wollten sie es möglich machen, dass jeder vernünftige Mensch sich den absoluten Beweis für ein vom physischen Körper unabhängiges Leben verschaffen könne. Es war ja gerade das Streben der Wissenschaft, ein solches Leben zu leugnen.

Die Phänomene zu diesem Zweck waren nicht an und für sich vollkommen neu, denn in der einen oder anderen Form berichtet die Geschichte aus alten Zeiten von solchen; aber sie bestimmt zu organisieren – sozusagen auf Bestellung zu erzeugen –, das ist für die Jetztzeit entschieden etwas Neues.

Die Bewegung, die sie so anregten, wuchs sich allmählich zu dem weit verbreiteten modernen Spiritismus aus, und es wäre wohl ungerecht, die Veranstalter dieser Bewegung direkt für viele Folgen, die daraus entstanden sind, verantwortlich zu machen. Jedenfalls müssen wir zugestehen, dass sie ihren Zweck insoweit erreicht haben, dass sie unzählige Menschen vom Atheismus zu der festen Überzeugung wenigstens einer gewissen Art zukünftigen Lebens bekehrt haben. Das ist zweifellos ein großartiger Erfolg, obgleich es auch manche gibt, die meinen, er sei mit einem zu hohen Preis errungen.

Die Methode, die sie anwandten, war die, einen gewöhnlichen gestorbenen Menschen auszuwählen, ihn auf der Astralebene vollständig zum Bewusstsein zu bringen, ihn bis zu einem gewissen Grade in die astralen Kräfte und astralen Möglichkeiten einzuweihen und ihm dann einen spiritistischen Zirkel anzuvertrauen. Dieser »entwickelte« nun seinerseits andere Abgeschiedene in derselben Richtung, und sie alle wirkten auf die Teilnehmer an den Sitzungen ein und »entwickelten« diese zu Medien. So erwuchs und erblühte der Spiritismus. Es ist sicher, dass sich lebende Mitglieder der ursprünglichen Loge gelegentlich in astraler Form in einigen Zirkeln manifestiert haben – vielleicht tun sie es auch jetzt noch; aber in den meisten Fällen gaben sie bloß den Personen, die sie damit betraut hatten, die nötigen Anweisungen und Direktiven. Unzweifelhaft entwickelte sich die Bewegung viel schneller, als sie vermutet hatten, so dass sie ihnen sehr bald über den Kopf wuchs, und deshalb können sie, wie gesagt, für viele spätere Auswüchse nur indirekt verantwortlich gemacht werden.

Naturgemäß verzögerte die Intensivierung des Astrallebens dieser Personen, die sich mit den Zirkeln abgaben, ihren natürlichen Fortschritt; und obgleich man gedacht hatte, dass alles, was auf diese Weise verloren ging, durch das gute Karma, andere auf den Weg zur Wahrheit geleitet zu haben, wieder vollauf ausgeglichen würde, so stellte es sich doch bald als unmöglich heraus, einen »Kontrollgeist« durch längere Zeit zu benutzen, ohne ihm ernsten und dauernden Schaden zuzufügen. In manchen Fällen wurden deshalb solche »Geister« zurückgezogen und andere an ihre Stelle gesetzt. In anderen Fällen hielt man es aus verschiedenen Gründen nicht für wünschenswert, solch einen Wechsel vorzunehmen, und dann wurde ein sehr merkwürdiger Ausweg gewählt, der Veranlassung zur Entstehung jener eigentümlichen Klasse von Geschöpfen gab, die wir »künstliche Wesen« genannt haben.

Den höheren Prinzipien des ursprünglichen »Geistes« gestattete man, auf ihrem lang verzögerten Aufstieg zur Himmelswelt weiter zu schreiten; aber den »Schatten«, den er zurückließ, nahm man in Besitz, erhielt ihn am Leben und wirkte so auf ihn ein, dass er dem bewundernden Zirkel praktisch genau derselbe zu sein schien wie vorher. Anfangs scheint dies von den Mitgliedern der Loge selbst vorgenommen worden zu sein; aber allem Anschein nach fand man dieses Vorgehen bald beschwerlich, ungeeignet oder hielt es für eine Kraftvergeudung. Auch die Verwendung eines künstlichen Elementals stieß auf denselben Einwand, weshalb man sich schließlich dazu entschied, dass die abgeschiedene Persönlichkeit, die dazu bestimmt worden wäre, den früheren »Kontrollgeist« zu ersetzen, dies auch jetzt noch zu tun habe. Dazu sollten sie seinen Schatten oder seine Schale in Besitz nehmen und einfach seine äußere Erscheinung annehmen.

Es wird gesagt, dass einige Mitglieder der Loge dagegen den Einwand erhoben hätten, der Zweck sei wohl ein vollständig guter, doch läge hierin eine gewisse Täuschung. Die allgemeine Meinung scheint aber gewesen zu sein, dass man nicht von Täuschung reden könne, da der Schatten tatsächlich derselbe war und jedenfalls noch etwas vom ursprünglichen niederen Verstand enthielt.

Dies ist also die Entstehungsgeschichte der künstlichen menschlichen Wesen, und es wird berichtet, dass in einigen Fällen mehr als ein solcher Wechsel vorgenommen worden sei, ohne dass sich ein Verdacht regte, obgleich andererseits einige spiritistische Forscher bemerkt haben, dass nach dem Verlauf längerer Zeit sich plötzlich gewisse Unterschiede in dem Charakter oder der Stimmung des »Geistes« kundtaten.

Es ist wohl nicht nötig hervorzuheben, dass kein Mitglied der Adepten-Bruderschaft jemals die Gestaltung eines künstlichen Wesens dieser Art unternommen hat, obgleich sie nicht eingreifen konnten, wenn irgendjemand es für richtig hielt, einen solchen Weg einzuschlagen. Ein schwacher Punkt bei der Methode ist es, dass manche andere, außerhalb der eigentlichen Loge, denselben

Plan aufnehmen könnten, und es gibt kein Mittel, Schwarzmagier daran zu hindern, manifestierte »Geister« zu schaffen. Es ist ja auch bekannt, dass sie es schon getan haben.

Mit dieser Klasse schließen wir unseren Überblick über die Bewohner der Astralebene. Mit der einige Seiten vorher gemachten Einschränkung kann das Verzeichnis als ziemlich vollständig angesehen werden. Es sei aber nochmals betont, dass diese Abhandlung keinen anderen Anspruch erhebt, als nur die groben Umrisse eines weiten, umfangreichen Gegenstandes zu skizzieren, deren Ausführung im Einzelnen ein ganzes Leben voll Studien harter Arbeit erfordern würde.

V. Phänomene

Obgleich in den vorigen Kapiteln schon verschiedene paranormale Phänomene erwähnt und bis zu einem bestimmten Grade erklärt wurden, so ist es vielleicht doch wünschenswert, noch einmal darauf zurückzukommen und eine Liste der Erscheinungen zu geben, auf die derjenige, der diese Dinge studiert, am häufigsten stößt, und zu zeigen, durch welche der von uns beschriebenen treibenden Kräfte sie hervorgerufen werden. Die Hilfsquellen der Astralwelt sind jedoch so mannigfaltig, dass fast alle uns bekannten Phänomene in verschiedener Weise hervorgebracht werden können. Es ist deshalb nur möglich, allgemeine Regeln in diesen Dingen anzugeben.

Erscheinungen oder Geister sind ein gutes Beispiel für das eben Gesagte; denn dem sehr unbestimmten Sprachgebrauch nach fallen unter diese Bezeichnung fast alle Bewohner der Astralebene. Psychisch Entwickelte sehen natürlich jederzeit solche Dinge, aber damit ein gewöhnlicher Mensch »einen Geist sehen« kann, wie der übliche Ausdruck lautet, muss dieser Geist sich materialisieren – oder bei diesem Menschen muss für einen Augenblick eine psychische Sehfähigkeit aufblitzen. Nur deshalb, weil keines von beiden häufig vorkommt, werden in den Straßen die »Geister« nicht ebenso häufig angetroffen wie lebende Menschen.

Kirchhofgespenster. Wenn ein »Geist« über einem Grab schwebend gesehen wird, so ist es wahrscheinlich die ätherische Schale eines kürzlich begrabenen Menschen, obgleich es auch der Astralkörper eines Lebenden sein *kann,* der im Schlaf das Grab eines Freundes besucht. Es kann aber auch eine materialisierte Gedankenform sein, also ein künstliches Elemental, das durch die Energie entstanden ist, mit welcher ein Mensch sich als an dem betreffenden Orte anwesend denkt. Diese verschiedenen Möglichkeiten kann derjenige leicht voneinander unterscheiden, der im astralen Schauen geübt ist. Aber jemand, der darin ungeübt ist, wird sie alle mit dem unbestimmten Ausdruck »Geist« bezeichnen.

Erscheinungen Sterbender. Erscheinungen zur Zeit des Todes sind keineswegs selten und sind sehr oft wirkliche Besuche, die der Astralkörper des Sterbenden macht, knapp vor dem Augenblick, den wir die *Auflösung* nennen. Allerdings können es auch hier wiederum leicht Gedankenformen sein, die der Sterbende durch seinen heftigen Wunsch ins Dasein gerufen hat, um irgendeinen Freund noch einmal zu sehen, bevor er in einen ihm unbekannten Zustand übergeht.

Spukorte. Erscheinungen an den Orten, wo irgendein Verbrechen begangen worden ist, sind gewöhnlich Gedankenformen eines Verbrechers, der lebend oder tot, meistens aber tot, immer wieder die Umstände seiner Tat überdenkt, und da am Jahrestage eines Verbrechens diese Gedanken naturgemäß im Geist des Täters besonders lebhaft sind, so ist es oft nur bei diesen Gelegenheiten, dass die künstlichen Elementale, die er schafft, stark genug sind, um sich für das gewöhnliche Auge sichtbar zu materialisieren. Das ist eine Tatsache, welche das periodische Auftreten mancher Kundgebungen dieser Art erklärt.

Hierzu kommt noch ein anderer Punkt: Wo immer eine erschütternde mentale Aufregung, wo immer ein überwältigender Schrecken oder Schmerz, eine Sorge, ein Hass oder irgendeine andere starke Emotion empfunden wurde, da wird auch auf das Astrallicht ein Eindruck so markanter Art hervorgerufen, dass jemand, der auch nur einen schwachen Schimmer psychischer Fähigkeiten hat, dadurch tief beeindruckt werden wird. Es bedarf dann nur einer vorübergehenden kleinen Erhöhung seiner Sensibilität, um ihm das Schauen des ganzen Vorganges zu ermöglichen und die ganze Szene in all ihren Einzelheiten anscheinend vor seinen Augen sich abspielen zu sehen. In einem solchen Fall würde dieser natürlich behaupten, an dem Ort spuke es und er habe einen Geist gesehen.

Tatsächlich werden ja Menschen, die bis jetzt noch nicht fähig sind, irgendwie psychisch zu schauen, häufig sehr unerfreulich gestimmt, wenn sie solche Orte besuchen. Es gibt viele Menschen, die sich in der Gegend des Tyburn Tree sehr ungemütlich fühlen oder es in der Schreckenskammer bei Mme. Tussaud nicht aushalten, obwohl sie absolut nicht ahnen, dass ihr Unbehagen von den schrecklichen Eindrücken herkommt, die im Astrallicht Orte und Gegenstände des Schreckens und des Verbrechens umgeben, wie auch von der Gegenwart abscheulicher astraler Wesen, die stets um einen solchen Punkt herumschwärmen.

Familiengeister. Der Familiengeist, auf den wir als ein ständiges Repertoire bei übersinnlichen Erzählungen stoßen und der zur Ausstattung eines jeden alten Adelsschlosses gehört, kann entweder eine Gedankenform oder ein ungewöhnlich lebhafter Eindruck im Astrallicht sein. Es mag sich auch wirklich um einen erdgebundenen Ahnen handeln, der noch die Orte heimsucht, an die sich seine Gedanken und Hoffnungen während des Lebens hefteten.

Glockenklingen, Steinewerfen usw. Eine andere Art Spuk, die sich im Läuten von Glocken, im Werfen von Steinen, im Zerbrechen von Töpfen und dergleichen äußert, ist auch schon erwähnt worden. Dies ist fast immer das Werk von Elemental-Kräften, die entweder in blinder Weise durch die plumpen Anstrengungen einer mit diesen Kräften nicht vertrauten Person in Bewegung gesetzt werden, um die Aufmerksamkeit eines noch lebenden Freundes auf sich zu ziehen, oder die mit Absicht von einem kindlich übermütigen Naturgeist benutzt werden.

Elfen und andere Naturwesen. Die Naturgeister sind auch verantwortlich für alles, was an den seltsamen Elfen-Geschichten wahr sein mag, die in ländlichen Gegenden so verbreitet sind. Manchmal befähigt eine zeitweilige Steigerung des Hellsehens, das unter den Bewohnern einsamer Berggegenden keineswegs selten ist, einen verspäteten Wanderer, ihre fröhlichen Sprünge zu beobachten. Manchmal werden einem erschreckten Opfer seltsame Streiche gespielt. Eine Sinnestäuschung wird ihm vorgespielt, die ihn glauben macht, er sähe z. B. Häuser und Menschen, wo, wie er weiß, keine vorhanden sind. Das ist häufig nicht nur eine momentane Täuschung, denn es kommt vor, dass jemand eine ganze Reihe eingebildeter, aber deutlicher und eindrucksvoller Abenteuer durchmacht, bis dann plötzlich diese ganze glänzende Umgebung vor ihm verschwindet und er sich in einem einsamen Tal oder auf einem windgepeitschten Feld wiederfindet. Andererseits ist nicht zu empfehlen, alle diese volkstümlichen Sagen als auf Tatsachen beruhend anzunehmen, denn der gröbste Aberglaube mischt sich oft mit den Ansichten der Landbewohner über diese Wesen.

Denselben Wesen muss auch ein großer Teil der sogenannten physikalischen Phänomene bei spiritistischen Sitzungen zugeschrieben werden. Bei manchen Sitzungen wird alles vollständig durch solche mutwillige Geister hervorgebracht. Eine solche Manifestation mag manche überraschenden Erscheinungen bringen, wie etwa die Beantwortung von Fragen, das Überbringen von vorgeblichen Botschaften durch Klopfen oder Kippen, das Auftreten von Lichterscheinungen, das Herbeibringen von Gegenständen, oft aus großen Entfernungen, das Lesen von Gedanken Anwesender, die Präzipitation von Schriften oder Zeichnungen und selbst Materialisationen. Tatsächlich könnten die Naturgeister allein – falls irgendeiner von ihnen sich die Mühe machen wollte – eine Sitzung gestalten, die ebenso brillant verliefe wie irgendeine, von der wir vielleicht gelesen haben. Obgleich es einige Phänomene gibt, die sie nicht leicht nachzumachen imstande wären, so würde doch ihre erstaunliche Geschicklichkeit sie ohne Schwierigkeit befähigen, den ganzen Zirkel zu überzeugen, dass auch diese Phänomene sich wirklich zugetragen hätten, es sei denn, dass ein geschulter Beobachter anwesend ist, der ihre Künste versteht und weiß, wie sie zu durchkreuzen sind. Wir können ganz allgemein annehmen, wenn törichte Streiche oder handgreifliche Possen in einer Sitzung vorkommen, dass entweder niedrige Naturgeister oder menschliche Wesen von herabgekommener Art anwesend sind, die während ihres Erdenlebens an törichten Dingen Gefallen fanden.

Wesen, die Botschaften vermitteln. Was solche Wesen betrifft, die bei einer Sitzung Mitteilungen machen oder die ein in Trance befindliches Medium in Beschlag nehmen und durch dieses sprechen, so sind ihrer Legion. Es gibt kaum eine einzige Art unter den vielen Bewohnern der Astralebene, welche nicht vertreten wäre. Nach den gegebenen Erklärungen verstehen wir jedoch, dass sie selten von einer sehr hohen Stufe kommen. Ein sich kundgebender »Geist« *kann* genau das sein, wofür er sich ausgibt, aber sehr oft ist dies nicht der Fall. Der gewöhnliche Teilnehmer solcher Sitzungen hat absolut kein Mittel, um das Wahre vom Falschen zu unterscheiden, denn ein solches Wesen hat die Hilfsmittel der Astralebene, um einen Menschen auf der physischen Ebene zu täuschen, in solchem Umfang zur Verfügung, dass dieser sich auf kein scheinbar noch so überzeugendes Beweismittel verlassen kann. Wenn sich einem Teilnehmer etwas kundgibt, was sich als sein verstorbener Bruder ausgibt, so hat er keine Sicherheit, dass diese Behauptung richtig ist. Wenn es ihm eine Tatsache mitteilt, die nur seinem Bruder und ihm selbst bekannt war, so überzeugt ihn dies nicht, da er weiß, dass diese Wesenheit diese Kenntnis leicht aus seinem eigenen Bewusstsein oder aus dem ihn umgebenden Astrallicht herausgelesen haben kann. Wenn die Wesenheit sogar noch weiter geht und ihm etwas von seinem Bruder mitteilt, was er selbst nicht wusste, aber was er nachher bestätigt findet, so ist auch dies kein Beweis, denn es kann aus den astralen Aufzeichnungen gelesen sein; oder das, was er da vor sich sieht, mag nur der »Schatten« seines Bruders sein und so dessen Gedächtnis besitzen, ohne dass es dieser in Wirklichkeit selbst ist.

Es soll absolut nicht geleugnet werden, dass manchmal bei solchen Sitzungen wichtige Mitteilungen von Wesen überbracht worden sind, die in diesen Fällen wirklich jene waren, für die sie sich ausgegeben hatten. Was hier nur behauptet wird, ist, dass es für durchschnittliche Menschen, die eine Sitzung mitmachen, unmöglich ist, jemals sicher zu sein, dass sie nicht auf die eine oder andere Weise von einem halben Dutzend verschiedener Arten von Foppgeistern grausam betrogen werden.

Es gibt einige Fälle, wo Mitglieder jener bereits erwähnten spirituellen Loge, welche die spiritistische Bewegung hervorgerufen hat, selbst durch ein Medium eine Reihe wertvoller Lehren über sehr interessante Gegenstände gegeben haben; aber dies ist ausnahmslos in Privatsitzungen im Familienkreise geschehen, nicht bei öffentlichen Vorstellungen, bei denen ein Eintrittsgeld erhoben wird.

Astrale Hilfsmittel. Um die Art und Weise zu verstehen, wie ein großer Teil der physikalischen Phänomene hervorgebracht wird, ist es nötig, die mannigfaltigen vorstehend erwähnten Hilfsmittel einigermaßen zu kennen, welche dem zur Verfügung stehen, der auf der Astralebene wirkt. Dies ist jedoch eine Seite unseres Gegenstandes, die keineswegs leicht verständlich ist, besonders da sie nur mit bestimmten, offensichtlich notwendigen Einschränkungen dargelegt werden kann.

Es mag uns das Verständnis vielleicht leichter werden, wenn wir die Astralebene in vielen Beziehungen als eine bloße Fortsetzung der physischen ansehen, und das Beispiel, dass die dichte Materie den ätherischen Zustand annehmen kann (in welchem sie, wenn auch unfühlbar, doch noch rein physisch ist), zeigt uns, wie der eine Zustand der Materie in einen anderen übergeht. Tatsächlich fassen die Hindus unter der Bezeichnung Jagrat, dem »Wachzustand«, die physische und die Astralebene zusammen, wobei dessen sieben Unterabteilungen den vier physischen Aggregatzuständen und den oben erwähnten drei Hauptabteilungen der Astralebene entsprechen. Wenn wir diese Vorstellungen im Auge behalten, wird es leichter, einen Schritt weiter zu gehen und zu verstehen, dass das astrale Schauen, die astrale Wahrnehmung, von einem gewissen Gesichtspunkt aus als die Fähigkeit definiert werden kann, eine ungeheuer vergrößerte Zahl von Schwingungsreihen zu empfangen.

In unserem physischen Körper ist eine kleine Gruppe von Schwingungen uns als Schall wahrnehmbar. Eine andere kleine Gruppe von sehr viel schnelleren Schwingungen beeinflusst uns als Licht, und wieder eine andere als elektrische Wirkung. Aber es gibt eine außerordentlich große Zahl von Schwingungen dazwischen, die auf unsere physischen Sinne keine Wirkung hervorbringen. Nun wird man leicht einsehen, dass, wenn alle, oder selbst nur einige dieser Zwischenstufen mit allen ihren verschiedenen Wellenlängen und ihren möglichen Kombinationen auf der Astralebene, sichtbar sind, unsere Anschauung von der Welt auf dieser Ebene sehr viel umfassender werden kann, und dass wir imstande sind, Kenntnisse zu erlangen, die uns hier vorenthalten bleiben.

Hellsehen. Es ist anerkannt, dass einige Schwingungen ganz leicht durch feste Körper hindurchgehen, so dass wir uns auf die Analogie mit wissenschaftlich bekannten Tatsachen stützen können, wenn wir einige Eigentümlichkeiten der ätherischen Schau betrachten. Für die astrale Schau jedoch bietet die Theorie der vierten Dimension eine elegantere und vollständigere Erklärung. Es ist klar, dass allein durch die Fähigkeit des astralen Schauens ein Wesen in den Stand versetzt wird, viele Dinge zu vollbringen, die uns sehr wunderbar erscheinen – so z. B. das Lesen in einem verschlossenen Buch. Wenn wir uns erinnern, dass diese Fähigkeit in vollem Maß die Kraft des Gedankenlesens einschließt, und dass ferner, wenn die weitere Fähigkeit hinzukommt, astrale Strömungen hervorzurufen, die Möglichkeit hinzutritt, einen Gegenstand in fast allen Teilen der Welt nach Wunsch sehen zu können, so merken wir, dass eine Menge Phänomene des Hellsehens erklärlich werden, ohne dass ein Erheben auf noch höhere Ebenen nötig wird. Echtes, geschultes und absolut zuverlässiges Hellsehen bringt allerdings eine ganz andere Reihe von Fähigkeiten hervor. Aber da diese zu einer höheren als der Astralebene gehören, so bilden sie keinen Teil des vorliegenden Buches.

Voraussehen und Zweites Gesicht. Die Fähigkeit, genau die Zukunft vorauszusehen, gehört ebenfalls ganz und gar zu den höheren Ebenen, wenn auch Lichtblitze oder Spiegelbilder sich oft dem rein astralen Blick bieten, besonders bei einfachen Menschen, die in entsprechender Umgebung leben, was man dann „Zweites Gesicht" nennt, eine bei den Schotten nicht unbekannte Erscheinung.

Eine andere Tatsache darf man ebenfalls nicht vergessen: Jeder intelligente Bewohner der Astralebene ist nicht nur fähig, diese ätherischen Schwingungen zu beobachten, sondern kann sie auch, wenn er gelernt hat, wie es gemacht wird, zu seinen eigenen Zwecken benutzen oder sie selbst in Bewegung setzen.

Astrale Kräfte. Man wird leicht verstehen können, dass man von übersinnlichen Kräften und den Methoden, sie anzuwenden, zur jetzigen Zeit nicht viel öffentlich schreiben kann, obgleich Gründe zu der Annahme vorliegen, dass es nicht mehr lange dauern wird, bis jedenfalls die Anwendung der einen oder der anderen von ihnen der Welt allgemein bekannt werden wird. Es ist aber vielleicht möglich, ohne die Grenzen des Erlaubten zu überschreiten, wenigstens so weit eine Vorstellung von diesen Kräften zu geben, dass die allgemeinen Umrisse zeigen, wie gewisse Phänomene hervorgebracht werden.

Alle, die häufiger spiritistische Sitzungen mitgemacht haben, bei denen physikalische Phänomene auftreten, müssen gelegentlich Beweise für die Anwendung faktisch unwiderstehlicher Kräfte erlebt haben, z. B. die plötzliche Bewegung enorm schwerer Gegenstände oder Ähnliches. Wenn sie wissenschaftlich veranlagt sind, mögen sie sich verwundert gefragt haben, woher diese Kraft kam und was für eine Hebelwirkung in Anwendung gebracht wurde. Wie gewöhnlich bei den astralen Phänomenen, gibt es verschiedene Wege, auf welchen solche Dinge vollbracht werden können, aber es wird für den Augenblick genug sein, vier davon anzudeuten.

Ätherische Strömungen. Erstens gibt es ätherische Strömungen, die fortwährend mit einer solchen Macht über die Oberfläche der Erde von Pol zu Pol fluten, dass deren Kraft so unwiderstehlich ist wie Ebbe und Flut. Es gibt Methoden, nach welchen man sich diese gewaltigen Kräfte zunutze machen kann, wenn auch ungeschickte Versuche, sie zu beherrschen, furchtbare Gefahren heraufbeschwören.

Ätherdruck. Zweitens existiert etwas, was am besten als Ätherdruck bezeichnet werden kann. Dies ist etwas Ähnliches wie der atmosphärische Luftdruck, wenn auch unermesslich viel größer. Im gewöhnlichen Leben sind wir uns keiner dieser Druckerscheinungen bewusst, aber trotzdem sind sie beide vorhanden, und wenn die Wissenschaft imstande wäre, den Äther ebenso aus einem Raum auszupumpen, wie es ihr mit der Luft gelingt, so würde der Ätherdruck ebenso gut nachgewiesen werden können wie der Luftdruck. Die Schwierigkeit, dies fertigzubringen, liegt darin, dass die Materie im Ätherzustand die Materie in allen niedrigeren Aggregatzuständen vollkommen durchdringt, so dass unseren Physikern bisher kein Mittel bekannt ist, durch das irgendeine bestimmte Menge Äther vom übrigen Äther isoliert werden kann. Der praktische Esoteriker weiß jedoch, wie dies zu erzielen ist, und so kann dann die ungeheure Kraft des Ätherdrucks zur Wirkung gebracht werden.

Latente Energie. Drittens ist ein großer Vorrat an potenzieller Energie vorhanden, der im Laufe der Involution aus dem feineren in den gröberen Zustand gewechselt ist und zum Teil bei einer Änderung dieses Zustandes freigesetzt und benutzt werden kann. So wie auch Wärme frei wird, wenn die sichtbare Materie ihren Zustand ändert.

Sympathieschwingungen. Viertens können überraschende Resultate, sowohl geringfügige als auch großartige, durch die erweiterte Anwendung eines Prinzips hervorgebracht werden, das als das „Prinzip der Sympathieschwingungen" bezeichnet werden kann. Analogien aus der physischen Ebene scheinen häufig eher ein falsches Bild astraler Phänomene zu geben, als sie klar zu machen, da die Übereinstimmung immer nur teilweise zutrifft. Die Anführung zweier bekannter Tatsachen aus dem gewöhnlichen Leben kann aber vielleicht helfen, diesen wichtigen Teil unseres Gegenstandes klarer zu machen, wenn wir Sorge tragen, die Analogie nicht weiter zu treiben, als sie wirklich geht.

Es ist ja bekannt, dass, wenn die Saiten einer Harfe stark in Schwingung versetzt werden, ihre Bewegungen bei jeder beliebigen Zahl von Harfen, die in der Nähe aufgestellt sind, Sympathieschwingungen in der entsprechenden Saite hervorrufen, wenn sie genau auf denselben Ton gestimmt sind. Bekannt ist auch, dass, wenn eine große Abteilung Soldaten eine Hängebrücke überschreitet, sie nicht im Gleichschritt gehen dürfen, da die vollkommene Regelmäßigkeit ihres ordnungsgemäßen Marsches in der Brücke Schwingungen hervorrufen würde, die mit jedem Schritt intensiver werden, bis die Widerstandskraft des Materials überschritten ist und der ganze Bau in Stücke geht.

Mit diesen beiden Analogien vor Augen (die aber stets nur als teilweise Analogien betrachtet werden dürfen) wird es uns begreiflicher erscheinen, dass jemand, der genau weiß, in welcher Höhe er die Schwingungen zu erregen hat – der sozusagen den Grundton der Gattung der Materie kennt, die er zu beeinflussen wünscht –, fähig ist, durch Anstimmen dieses Grundtones eine ungeheure Zahl von Sympathieschwingungen hervorzurufen. Wenn dies auf der physischen Ebene geschieht, dann wird keine zusätzliche Kraft entwickelt; auf der Astralebene besteht jedoch dieser Unterschied, da die Materie, mit der wir es dort zu tun haben, weit weniger träge ist und daher, wenn sie durch diese Sympathieschwingungen in Tätigkeit versetzt wird, ihre eigene lebendige Kraft dem ursprünglichen Impuls hinzufügt, der dadurch vervielfacht werden kann. Bei weiterer rhythmischer Wiederholung des ursprünglichen Antriebes, wie bei dem Marschieren der Soldaten auf der Brücke, können dann die Schwingungen so mächtig werden, dass die Wirkung gar nicht mehr im Verhältnis zur Ursache zu stehen scheint. Man kann geradezu sagen, dass es kaum eine Grenze für die denkbaren Wirkungen dieser Kraft gibt, falls ein großer Adept sie benutzt, der ihre Anwendbarkeit voll begreift, denn die ganze Entstehung des Weltalls selbst war nur die Folge der Schwingungen, die von dem ausgesprochenen »Wort« in Bewegung gesetzt wurden.

Mantras. Die Klasse der Mantras oder Affirmationen, die ihre Wirkung nicht durch die Beherrschung von Elementalen erzielen, sondern nur durch die Wiederholung gewisser Klänge, sind in ihrer Wirksamkeit ebenfalls von der Kraft dieser Sympathieschwingungen abhängig.

Dematerialisation. Das Phänomen der Dematerialisation kann ebenfalls durch die Wirkung äußerst schneller Schwingungen erzeugt werden, welche die Kohäsion der einzelnen Moleküle des betreffenden Gegenstandes überwindet. Eine noch höhere Stufe von Schwingungen einer etwas anderen Art spaltet diese Moleküle in die einzelnen Atome auf, aus denen sie zusammengesetzt sind. Ein Körper, der auf solche Weise in den ätherischen Zustand übergeführt ist, kann durch einen astralen Strom mit großer Geschwindigkeit von einem Ort zu einem anderen gebracht werden. In demselben Augenblick, wenn die Kraft, die angewandt worden ist, um ihn in diesen Zustand zu versetzen, zurückgezogen wird, zwingt ihn der ätherische Druck, seine ursprüngliche Form wieder anzunehmen. Vielen wird es anfangs schwer fallen zu begreifen, wie bei einer solchen Prozedur die Form des betreffenden Körpers erhalten bleiben kann.

Es wird folgender Einwand erhoben: Wenn irgendein Metallgegenstand – sagen wir ein Schlüssel – geschmolzen und durch Erhitzung in den gasförmigen Zustand übergeführt und ihm dann die Wärme wieder entzogen wird, dann kehrt er sicherlich wieder in den festen Zustand zurück, aber er ist dann nicht mehr ein Schlüssel, sondern ein Klumpen Eisen. Das Beispiel ist gut gewählt, obgleich tatsächlich die Analogie hier nicht zutrifft. Die Elemental-Essenz, die den Schlüssel belebt, würde durch die Änderung seines Zustandes ausgetrieben werden. Nicht, dass die Essenz selbst durch die Wirkung der Hitze berührt würde, sondern wenn ihr zeitweiliger Körper (als ein fester) zerstört wird, strömt sie zurück in den großen Vorrat solcher Essenz, gerade wie die höheren Prinzipien des Menschen, obwohl sie absolut nicht durch die Hitze oder Kälte beeinflusst werden können, doch aus einem physischen Körper ausgetrieben werden, wenn er durch Feuer zerstört wird.

Folglich ist die Elemental-Essenz (die »feste« Gattung, die »Erde«), die dann, wenn die Materie, die der Schlüssel gewesen ist, sich wieder bis zum festen Zustand abgekühlt hat, in diese einströmt, keineswegs dieselbe wie die, welche sie vorher enthielt. Es ist daher kein Grund vorhanden, weshalb sie wieder dieselbe Gestalt annehmen sollte. Aber jemand, der einen Schlüssel zu dem Zweck dematerialisiert, ihn durch Astralströme von einem Platz zu einem anderen zu schaffen, wird sehr sorgfältig dieselbe Elemental-Essenz in genau derselben Gestalt erhalten, bis der Transport bewerkstelligt ist. Sobald dann die Willenskraft zurückgezogen wird, dient die Essenz als Form, in welche die fest werdenden Teilchen strömen, um welche sie sich wieder gruppieren. So wird, falls die Kraft der Gedankenkonzentration des Ausführenden nicht versagt, die Gestalt ganz genau erhalten.

Auf diese Weise werden häufig bei spiritistischen Sitzungen in einem Augenblick Gegenstände aus großer Entfernung herbeigebracht, und es ist klar, dass diese, wenn sie entmaterialisiert sind, mit großer Leichtigkeit durch jeden festen Körper hindurchgehen können, z. B. durch die Mauer eines Hauses oder den Deckel einer verschlossenen Dose. Das, was man gewöhnlich »die Durchdringung eines festen Körpers durch einen anderen« nennt, erscheint demnach, richtig verstanden, ebenso einfach wie das

»Durchdringen« des Wassers durch ein Sieb oder eines Gases durch eine Flüssigkeit bei manchen chemischen Experimenten.

Materialisation. Da es möglich ist, durch eine Änderung in der Schwingungsweise die Materie vom festen Zustand in den ätherischen zu versetzen, so ist es begreiflich, dass es ebenfalls möglich ist, den Vorgang umzudrehen und Äthermaterie in den festen Aggregatzustand zu überführen. Wie der eine Prozess das Phänomen der Dematerialisation erklärt, so erhellt der andere den der Materialisation. So, wie im ersten Fall eine dauernde Anstrengung des Willens nötig ist, um zu verhindern, dass der Gegenstand seine frühere Form wieder annimmt, so ist eine genau solche Anstrengung ebenso nötig, um zu verhindern, dass die materialisierte Form wieder in den ätherischen Zustand zurückfällt.

Bei den Materialisationen, die man bei den gewöhnlichen Séancen sieht, wird die Materie, die hierzu nötig ist, so viel wie möglich vom Ätherkörper des Mediums entliehen – ein Vorgang, der für die Gesundheit desselben nachteilig und auch aus verschiedenen anderen Gründen sehr wenig wünschenswert ist. Das erklärt die Tatsache, dass die materialisierte Form gewöhnlich unweigerlich an die unmittelbare Nähe des Mediums gebunden und einer Anziehungskraft unterworfen ist, die sie fortwährend zu dem Körper zurückzieht, aus welchem sie hervorgegangen ist. Wird sie daher vom Medium zu lange ferngehalten, dann fällt die Form in sich zusammen, und die Materie, aus der sie bestand, nimmt wieder den ätherischen Zustand an und strömt augenblicklich zu ihrem Ausgangspunkt zurück.

Es unterliegt keinem Zweifel, dass manchmal aus dem Körper des Mediums auch dichte, sichtbare physische Materie zeitweilig entnommen wird, so schwierig es auch für uns sein mag, uns die Möglichkeit einer solchen Übertragung vorzustellen. Ich selbst habe Fälle beobachtet, in denen ein solches Vorkommnis stattfand und sich durch einen beträchtlichen Gewichtsverlust des physischen Körpers des Mediums dokumentierte.

Weshalb Dunkelheit nötig ist. Der Grund, weshalb die Wesen, die eine Sitzung beeinflussen, leichter in der Dunkelheit operieren oder wenigstens bei nur schwachem Licht, wird nun klar sein, da ihre Kraft gewöhnlich unzureichend ist, inmitten der intensiven Schwingungen hellen Lichtes eine verdichtete Form oder selbst eine »Geisterhand« länger als für wenige Sekunden zusammenzuhalten.

Diejenigen, die viele Sitzungen mitgemacht haben, konnten ohne Zweifel feststellen, dass es drei Arten von Materialisationen gibt: Erstens solche, die fühlbar sind, aber nicht sichtbar; zweitens solche, die sichtbar sind, aber nicht fühlbar; und drittens sowohl fühlbare als auch sichtbare. Zu der ersten Art, der bei weitem gewöhnlichsten, gehören die unsichtbaren Geisterhände, welche so häufig den Anwesenden das Gesicht streicheln oder kleine Gegenstände im Zimmer umhertragen; ebenso die Stimmorgane, von denen die »direkten Stimmen« ausgehen. In diesem Fall wird eine Art Materie angewandt, die das Licht weder zurückwerfen noch ihm den Durchgang wehren kann, die aber unter bestimmten Umständen imstande ist, in der Atmosphäre Schwingungen entstehen zu lassen, die auf uns als Ton wirken.

Geisterfotografien. Eine Abart dieser Klasse ist jene Art teilweiser Materialisation, die zwar nicht fähig ist, Licht zu reflektieren, das wir sehen können, aber doch imstande ist, einige der ultravioletten Strahlen zu beeinflussen, so dass sie einen mehr oder weniger bestimmten Eindruck auf die empfindliche Platte machen kann und uns so verschafft, was wir als »Geisterfotografie« kennen.

Wenn nicht genügend Kraft zur Verfügung steht, um eine vollkommene, dichte Materialisation herzustellen, erhalten wir manchmal die nebelartige Gestalt, die in unsere zweite Klasse gehört, und in einem solchen Falle warnen meistens die »Geister« die Anwesenden davor, die Formen, die erscheinen, zu berühren.

In selteneren Fällen einer vollständigen Materialisation ist genügend Kraft vorhanden, wenigstens für kurze Zeit eine Form zusammenzuhalten, die man sowohl berühren als auch sehen kann.

Wenn ein Adept oder sein Schüler es für nötig halten, für irgendeinen Zweck ihren mentalen oder astralen Körper zu materialisieren, so benutzen sie weder ihren eigenen ätherischen Körper noch den eines anderen Menschen, denn sie wissen, wie sie die nötige Materie unmittelbar aus dem umgebenden Äther entnehmen können.

Verdoppelung. Ein anderes Phänomen, das eng mit diesem Teil unseres Gegenstandes verknüpft ist, besteht in der Verdoppelung und wird dadurch fertiggebracht, dass man einfach eine vollkommene Gedankenform von dem zu kopierenden Gegenstand bildet und dann um diese Form die nötige astrale und physische Materie sammelt. Natürlich muss man hierbei gleichzeitig jedes kleinste Teilchen des zu vervielfältigenden Gegenstandes im Inneren und im Äußeren genau im Auge behalten. Es bedarf daher, um dieses Phänomen hervorzubringen, beträchtlicher Konzentrationskraft des Denkens. Wenn diejenigen, die solches vollbringen, nicht fähig sind, das nötige Material direkt aus dem umgebenden Äther herauszuziehen, dann entnehmen sie es manchmal dem Original, das dadurch natürlich an Gewicht verliert.

Präzipitation. Wir lesen in der theosophischen Literatur häufig über die „Präzipitationen" von Briefen oder Bildern. Dieses Ergebnis kann, wie alles andere auch, auf verschiedene Weisen herbeigeführt werden. Ein Adept, der jemandem eine Mitteilung zukommen zu lassen wünscht, kann ein Stück Papier vor sich hinlegen, ein Gedankenbild von der Schrift gestalten, die auf dem Papier erscheinen soll, und aus dem Äther die Materie ziehen, mit welcher er dieses Bild objektiviert; vielleicht zieht er es auch vor, dieselbe Wirkung auf einem Papier hervorzubringen, das vor seinem Korrespondenten liegt, was ihm ebenso leicht fällt, gleichgültig wie groß die Entfernung sein mag.

Eine dritte Methode, die viel häufiger angewandt wird, da sie Zeit spart, ist die, den ganzen Inhalt des Briefes dem Denkvermögen irgendeines Schülers einzuprägen und es ihm zu überlassen, die mechanische Arbeit der Präzipitation auszuführen. Dieser Schüler nimmt dann ein Blatt Papier, macht sich eine Vorstellung von dem geschriebenen Brief in der Handschrift des Meisters und objektiviert hierauf diese Schrift in der beschriebenen Weise. Wenn er es zu schwierig findet, gleichzeitig die beiden Operationen auszuführen, nämlich die Materie aus dem umgebenden Äther heranzuziehen und die Schrift auf dem Papier zu präzipitieren, so kann er auch gewöhnliche Tinte oder eine Kleinigkeit Farbpulver neben sich auf den Tisch stellen, die leichter herangezogen werden können, da sie schon physische Materie sind.

Es ist klar, dass der Besitz eines solchen Könnens eine sehr gefährliche Waffe in den Händen eines gewissenlosen Menschen sein würde, da es gerade so leicht ist, die eine Handschrift nachzuahmen wie jede andere, und es unmöglich wäre, auf gewöhnliche Weise einen Betrug zu entdecken, der in solcher Art ausgeübt wäre. Ein Schüler, der in direkter Verbindung mit irgendeinem Meister steht, hat stets untrügliche Beweismittel dafür, ob eine Botschaft wirklich von diesem Meister ausgegangen ist oder nicht. Für andere aber kann der Beweis der Echtheit allein im Inhalt des Briefes liegen und in dem Geist, der aus ihm atmet, da die Handschrift, die höchst geschickt nachgeahmt werden kann, als Beweis absolut keinen Wert hat.

Was die Geschwindigkeit des Vorgangs anbelangt, so wird ein Schüler, dem die Arbeit der Präzipitation neu ist, sich wahrscheinlich nur wenige Worte auf einmal bildhaft vorstellen können und deshalb kaum schneller vorankommen, als wenn er seinen Brief auf gewöhnliche Weise schriebe. Ein Erfahrener, der eine ganze Seite oder vielleicht gar den ganzen Brief sich auf einmal im Geist vor Augen halten kann, würde aber seine Arbeit mit weit größerer Leichtigkeit auf diese Weise vollbringen. Nach solcher Methode werden manchmal ziemlich lange Briefe in wenigen Sekunden bei einer Séance hervorgebracht.

Wenn ein Bild präzipitiert werden soll, ist die Methode genau dieselbe, ausgenommen dass es hier absolut notwendig ist, sich die ganze Szene auf einmal vorzustellen. Wenn sich viele Farben auf dem Bild befinden, entsteht die zusätzliche Komplikation, sie herzustellen, auseinanderzuhalten und genau dieselben Mischungstöne wie die des Originalbildes zu reproduzieren. Augenscheinlich liegt hier viel Spielraum für die Ausübung künstlerischer Fähigkeiten, und man darf nicht denken, dass jeder Bewohner der Astralebene auf diese Weise ein gleich gutes Bild hervorrufen kann. Jemandem, der im Leben ein großer Künstler gewesen ist und der deshalb zu sehen gelernt hat und weiß, worauf es zu achten gilt, wird es jedenfalls weit besser gelingen als einem gewöhnlichen Menschen, wenn er nach dem Tode auf der Astralebene dieses Präzipitieren versucht.

Tafelschrift. Die Tafelschrift, in deren Ausführung unter genauer Kontrolle der Bedingungen einige der größten Medien sich so berühmt gemacht haben, wird manchmal durch Projizierung bewerkstelligt, obgleich häufiger das Stückchen Griffel, das zwischen die Tafeln gelegt wird, von einer »Geister«hand geführt wird, von der gerade nur die äußersten Fingerspitzen materialisiert werden, die nötig sind, um das Stückchen zu erfassen.

Levitation. Eine Erscheinung, die gelegentlich bei medialen Sitzungen vorkommt, doch öfter bei östlichen Yogis, ist die sogenannte Levitation, also das Schweben eines menschlichen Körpers in der Luft. Wenn dies bei einem Medium vorkommt, wird dieses zweifellos oft einfach von »Geisterhänden« emporgehoben, aber es gibt noch eine andere, wissenschaftlichere Methode, um dieses Kunststück auszuführen, die im Osten gelegentlich angewandt wird. Der esoterischen Wissenschaft ist ein Mittel bekannt, die Schwerkraft zu neutralisieren oder ins Gegenteil zu verkehren, und es ist klar, dass bei richtiger Anwendung dieses Mittels alle Erscheinungen der Levitation leicht bewerkstelligt werden können. Ohne Zweifel war es die Kenntnis dieses Geheimnisses, die es ermöglichte, dass einige der Luftschiffe im alten Indien und auf der Atlantis leicht genug gemacht werden konnten, um sich von der Erde zu erheben und ohne Schwierigkeiten bewegt und gesteuert zu werden. Es ist nicht unwahrscheinlich, dass die gleiche Bekanntschaft mit den höheren Naturkräften die Arbeit erleichterte, die enormen Steinblöcke zu heben, die manchmal in der zyklopischen Architektur sowie bei der Erbauung der Pyramiden und von Stonehenge Verwendung fanden.

Geisterhafte Lichterscheinungen. Mit der Kenntnis der Naturkräfte, welche die Astralebene ihren Bewohnern zur Verfügung stellt, ist die Erzeugung von Lichterscheinungen eine leichte Sache, ob sie nun eine sanfte Phosphoreszenz darstellen, eine blendende elektrische Erscheinung oder die merkwürdigen tanzenden Lichtkügelchen, in welche eine gewisse Klasse von Feuer-Elementalen sich so geschwind zu verwandeln vermag. Da alle Lichterscheinungen nur in Ätherschwingungen bestehen, so ist es klar, dass jeder, der weiß, wie solche Schwingungen erregt werden können, ganz nach Wunsch jede Art von Licht hervorrufen kann.

Das Anfassen glühender Gegenstände. Mit Hilfe der ätherischen Elementalessenz wird auch gewöhnlich das Kunststück fertiggebracht, ohne Schaden glühende Gegenstände anzufassen, obgleich es auch hier wieder verschiedene Wege gibt, um zum Ziel zu gelangen. Die dünnste Schicht ätherischer Substanz kann so präpariert werden, dass sie absolut undurchdringbar für die Hitze wird. Wenn dann die Hand eines Mediums oder Beisitzers mit diesem Äther bedeckt ist, kann er mit vollkommener Sicherheit brennende Kohle oder glühendes Eisen in der Hand halten.

Transmutation (Verwandlung einer Substanz in die andere). Die meisten Vorkommnisse bei Séancen sind jetzt besprochen worden; aber es gibt noch ein oder zwei seltene Phänomene, die in unserer Liste nicht ganz außer Acht gelassen werden dürfen. Die Transmutation von Metallen wird meistens nur für einen Traum mittelalterlicher Alchemisten gehalten, und unzweifelhaft war in den meisten Fällen die Beschreibung des Vorgangs auch nur ein Symbol für die Reinigung der Seele. Jedoch scheinen Beweise dafür vorhanden zu sein, dass sie die Transmutation verschiedentlich wirklich fertiggebracht haben, und es gibt kleine Magier im Osten, die behaupten, dass sie dies auch jetzt noch unter wissenschaftlicher Überwachung vollführen können. Mag dem sein, wie es will, aber da das Ur-Atom in allen Substanzen ein und dasselbe ist und die Substanzen sich nur durch die jeweilige Art unterscheiden, wie die Atome zusammengefügt sind, so ist es klar, dass für jeden, der die Macht besitzt, ein Stück Metall in seine Atome aufzulösen und sie in einer anderen Form wieder zusammenzustellen, keine Schwierigkeit vorhanden ist, die Transmutation in jedem gewünschten Maßstab auszuführen.

Reperkussion. Das Prinzip der oben erwähnten Sympathieschwingungen erklärt auch das sonderbare und wenig bekannte Phänomen der sogenannten Reperkussion, vermöge welcher irgendein Schaden, der dem materialisierten Körper während seiner Wanderung angetan, oder irgendein Zeichen, das auf ihm angebracht wird, sich auch auf seinem physischen Körper wiederfindet. Wir erkennen Spuren dieses Phänomens in Tatsachen, die im Mittelalter zuweilen bei Hexen-Prozessen als Beweise vorgebracht wurden, dass nämlich eine Wunde, die der Hexe, während sie die Gestalt eines Hundes oder eines Wolfes angenommen hatte, zugefügt wurde, an dem betreffenden Teil ihres menschlichen Körpers eine Spur hinterließ. Dasselbe seltsame Gesetz hat manchmal dazu geführt, gegen ein Medium eine vollständig ungerechte Beschuldigung des Betruges zu erheben, weil z. B. die auf die Hand des materialisierten »Geistes« gestrichene Farbe sich nachher auf der Hand des Mediums fand. Die Erklärung dafür ist, dass in diesem Fall, wie dies oft geschieht, der »Geist« bloß der ätherische Körper des Mediums war, der durch den ihn beherrschenden Einfluss veranlasst worden war, eine andere Form als die seinige anzunehmen. Tatsächlich stehen diese beiden Teile des physischen Körpers in so inniger Verbindung miteinander, dass es unmöglich ist, den Grundton des einen anzuschlagen, ohne sofort genau entsprechende Schwingungen im anderen hervorzurufen.

Schluss

Es ist zu hoffen, dass jeder Leser, den der Gegenstand genügend interessierte, um dieser Abhandlung bis hierher zu folgen, jetzt eine allgemeine Vorstellung von der Astralebene und ihren Möglichkeiten hat, so dass er alle auf diese Sphäre bezüglichen Tatsachen, auf die er vielleicht in anderen Büchern stößt, verstehen und an die richtige Stelle des ganzen Systems einreihen kann. Obwohl es nur eine sehr flüchtige Skizze ist, die hier von diesem sehr umfassenden Gegenstand gegeben werden konnte, so genügt sie doch vielleicht, um zu zeigen, wie außerordentlich wichtig das astrale Schauen für die Biologie, für die Physik, die Chemie, die Astronomie, die Medizin und die Geschichte wäre und welchen großen Antrieb alle diese Wissenschaften durch die Entwicklung dieser Fähigkeit erhalten würden.

Doch darf dessen Erwerb nie als Selbstzweck betrachtet werden, denn alle Mittel, die man mit diesem Ziel im Auge anwendet, würden unvermeidlich auf einen Weg der Entwicklung führen, der im Osten die „Laukika-Methode" genannt wird, ein System, bei welchem wohl gewisse psychische Kräfte erlangt werden, aber nur für die augenblickliche Persönlichkeit. Da ihr Erwerb aber nicht mit Schutzmaßregeln umgeben ist, ist es nur zu leicht möglich, dass diese Kräfte missbraucht werden. Zu dieser Klasse gehören alle Systeme, die Drogen anwenden oder Elementale beschwören sowie die extreme Ausübung von Hatha-Yoga.

Die andere Methode, welche „Lokottara" genannt wird, ist der Raja-Yoga oder der spirituelle Fortschritt, und wenn es auch mit dieser etwas langsamer vorangehen mag als mit der anderen, so bleibt doch das auf diesem Weg Erworbene der Individualität erhalten und geht nie wieder verloren. Die leitende Fürsorge eines Meisters gewährt dabei vollkommene Sicherheit gegen den Missbrauch der Kräfte, solange seine Anordnungen genau befolgt werden. Die Öffnung des astralen Schauens darf also nur als eine Stufe der Entwicklung zu etwas unendlich Edlerem und Höherem betrachtet werden – nur als ein Schritt, ein sehr kleiner Schritt auf dem großen Weg aufwärts, der die Menschen zu den erhabenen Höhen der Adeptschaft führt. Über diese Stufe geht der Weg hinaus zu so hohen Bereichen der Weisheit und der Macht, dass unser beschränkter Verstand sich jetzt von ihnen noch keine Vorstellung zu machen vermag.

Doch sollte niemand es als einen ungetrübten Segen betrachten, den weiteren Blick der Astralebene zu besitzen, denn auf den, welchem so das Auge geöffnet ist, drücken die Sorgen und das Elend, das Böse und die Begierde der Welt wie eine fortwährend niederbeugende Last, so dass er sich oft gedrängt fühlen wird, mit Schiller auszurufen:

Dein Orakel zu verkünden,
Warum warfest Du mich hin
In die Stadt der ewig Blinden,
Mit dem aufgeschloss'nen Sinn?
Nimm, o nimm die traur'ge Klarheit,
Mir vom Aug' den blut'gen Schein!
Meine Blindheit gib mir wieder
Und den fröhlich dunkeln Sinn! –
Nimm dein falsch Geschenk zurück!

(KASSANDRA)

Dieses Gefühl ist auf den ersten Stufen dieses Pfades wohl erklärlich, aber die höhere Einsicht und tiefere Erkenntnis bringen
dem Schüler bald die vollkommene Gewissheit, dass alle Dinge
schließlich allen zum Besten dienen müssen.

Dass Stunde nach Stunde, gleich knospenden Blumen,
Sich Wahrheit nach Wahrheit erschließt!
Die Sonn' mag erbleichen, die Sterne vergeh'n,
Das Gute Gesetz bleibt sicher und stark;
Sein Glanz erglüht, sein Einfluss wächst
Im langsamen Gang der Natur,
Vom kleinsten Bazillus zu Göttern im All
Durch Kalpas und Jahres-Millionen.

H.K Challoner
Das Rad der Wiedergeburt
Geb., 312 Seiten
ISBN 978-3-89427-295-1

Ein unsterblicher Klassiker über Reinkarnation und Karma.
Ein aufwühlendes Buch, das man erst nach der letzten Seite
aus der Hand zu legen vermag.
Wenn man nur ein Buch über Reinkarnation lesen möchte –
dann muss es dieses sein!

H.K. Challoner
Der Pfad der Heilung
Geb., 200 Seiten
ISBN 978-3-89427-294-4

Es gibt kein vergleichbares Buch, in dem die Grundgesetze
von Krankheit und Gesundheit in so beeindruckender, klarer
und überzeugender Art und Weise erklärt worden sind wie in
dieser von einem „Meister der Weisheit" inspirierten Darstellung.

Charles W. Leadbeater
Der Alltag aus spiritueller Sicht
Hardcover, 384 Seiten
ISBN 978-3-89427-366-8

Charles W. Leadbeater hat, wie kaum ein anderer Autor der esoterischen Literatur der Neuzeit, die Auswirkungen geistiger Einflüsse auf das menschliche Leben erforscht. In diesem Grundlagenwerk geht er auf zahllose konkrete Situationen des Alltags ein. Er beschreibt die astrologischen Impulse ebenso wie die Einwirkungen von Naturwesen; er schildert die Wirkung von Kraftplätzen und Zeremonien; er erklärt, welchen Einfluss Nahrungsgewohnheiten auf die Gesundheit haben und wie Gedanken den Lebensweg jedes Einzelnen prägen. Aus der Fülle dieser teilweise so noch nie veröffentlichten Informationen erschließt sich ein geistiger Kosmos ungeahnten Ausmaßes, der in zahllosen Situationen ganz konkret in das tägliche Leben der Menschen einwirkt.
Ein Meisterschlüssel zum Verständnis des Einflusses unsichtbarer Kräfte im Alltag!